DENIM

D1672723

Iain Finlayson

DENIM

Der Jeans-Kult und seine Geschichte

Deutsch von Bettina Loidl und Roland Michaelis

Deuticke

I N H A L T

Einer von den alten 'Neunundvierzigern' beim Goldwaschen; er trägt die Ur-Jeans

WIE DIE GOLDGRÄBER ZU DENIM KAMEN
UND WIE DAS JEANSGESCHÄFT
ZUR GOLDGRUBE WURDE

Die Zahl derer, die hinter den sagenumwobenen Goldvorkommen an der amerikanischen Westküste her waren, ist Legion. Am rabiatesten gingen dabei die spanischen Conquistadores vor, die im Zuge der Schatzsuche so ziemlich alles vernichteten, was an Zeugnissen der einst reichen südamerikanischen Kulturen vorhanden war. Um aber 'Eldorado' zu finden, hätten sie sich weiter im Norden umsehen müssen.

Zum Beispiel in Coloma, etwa 80 Kilometer östlich von Sacramento. Dort führte allerdings der Zufall Regie, denn als der aus Schottland stammende Zimmermann James Wilson Marshall am 24. Jänner 1848 in den Mühlbach des Sutterschen Sägewerks stieg, war er eigentlich auf Fische aus. Doch dann traute er seinen Augen nicht, denn im Flußbett lagen häufchenweise erbsgroße Goldnuggets.

Ein Dekret vom Dezember 1848, in dem die Regierung in Washington diese Goldfunde bestätigte, wurde zum Startzeichen für den großen 'Gold Rush'. Die ersten Abenteurer - die legendären 'Neunundvierziger' - schlugen sich quer über den Kontinent nach Kalifornien durch.

Ein Jahr später zog es auch den gerade zwanzig Jahre alten Levi Strauss ins 'Eldorado'. Er war aus Bayern nach Amerika ausgewandert und hatte begonnen, mit Stoffen zu han-

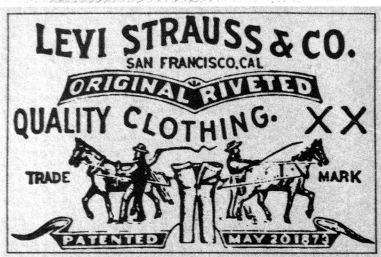

DIE FRÜHZEIT VON DENIM

Die Belegschaft von Levi Strauss&Co., San Francisco, im 19. Jahrhundert

Das Levi's-Etikett von 1886: An soviel Festigkeit scheitern selbst zwei Rösser

Lagerarbeiter mit Baumwollballen - sie trugen, wie man an den Nähten der Gesäß-taschen erkennt, noch ungenietete Jeans

deln. Nach Kalifornien brachte er eine Ladung Segeltuch mit - in der Annahme, daß die ständig anwachsende Schar von Glücksrittern akuten Bedarf an Zelten und Wagenplanen haben müßte; doch damit lag Levi falsch.

Die Goldschürfer waren mit nicht viel mehr als den Kleidern am Leib gekommen und mit dem bißchen, das sie auf dem Weg hierher nicht verloren oder einfach liegengelassen hatten. Die meisten hatten ihre Reise in St. Joseph, Missouri, begonnen und waren quer durch Nebraska bis zu den Rocky Mountains gezogen; dort fingen die schlimmsten Probleme erst an. Wer das Ziel erreicht hatte, war abgehärtet: von der Hitze der Wüste, der Eiseskälte auf den Bergpässen; von Hunger und Durst, von den Angriffen der Indianer und von den Stichen der Moskitos. Viele verloren Frauen und Kinder, Hausrat und Wagen, verfielen dem Wahn, wurden von Rivalen umgebracht oder von Ruhr und Cholera dahingerafft. Waren sie dann endlich am American River angelangt, so hatten sie nur noch eines: den verzweifelten Willen, irgendwo zwischen dem Sutterschen Sägewerk und Mariposa mit einen Goldfund ihr großes Glück zu machen.

Die ergiebigsten Claims waren damals schon im Besitz der 'Nobs', jener ersten kalifornischen Landaufkäufer, die aus einer Zelt- und Hüttensiedlung San Francisco begründet und den 'Nob Hill' mit ihren protzigen Villen verbaut hatten. Nichtsdestotrotz stürzten sich die Neuankömmlinge auf jedes freie Stück Land und begannen, bis zur Erschöpfung ihre Schürfpfannen durch Schlamm und Geröll zu ziehen. Das war eine auch für die Kleidung aufreibende Strapaz: immer wieder platzten die Nähte, an den Knien und am Hosenboden zerriß der Stoff. Nein, die Goldgräber brauchten keine Zelte (sie schliefen überall, auch im Freien) und keine Wagenplanen (was hätten sie schon zudecken sollen?) - aber sie brauchten Hosen, die der enormen Beanspruchung standhalten konnten.

Der erste 'waist-high-overall', den Levi Strauss nach Beratungen mit einem Schneidermeister aus San Francisco entwarf, war noch aus braunem Zeltleinen gefertigt. Das war ein

Denim-Latzjeans waren *die* Arbeitskleidung der Farmer im Westen - hier vor der Kamera von Walker Evans

einigermaßen brauchbares Material, aber ein anderes erwies sich als noch widerstandfähiger: 'Serge', ein in der südfranzösischen Stadt Nîmes hergestellter Baumwollstoff, von dem Levi Strauss vorsorglich gleich mehrere Schiffsladungen bestellte. Die wurden von genuesischen Seefahrern nach Kalifornien gebracht, wo man im Sprachenwirrwarr der Einwanderer 'de Nîmes' zu 'Denim' und 'genoese' zu 'jeans' verballhornte - so einfach kommen manchmal die Dinge zu ihren Namen.

Gefärbt wurde der Denim mit Indigo, einem aus den Blättern der Indigofera-Pflanze gewonnenen tiefblauen Farbstoff, den man damals vor allem aus Indien importierte; erst 1897 sollte der deutsche Chemiker Adolf von Bayer ein Verfahren zur synthetischen Herstellung von Indigo erfinden.

Levi eröffnete einen Laden in San Francisco, und seine Jeans wurden im Nu zu einem Verkaufsschlager. Nach modischen Gesichtspunkten durfte man die im Kesselflicker-Schnitt gestalteten Hosen gewiß nicht beurteilen, aber das tat auch niemand. Was zählte, war einzig und allein die Belastbarkeit von Material und Nähten und die Möglichkeit, die Taschen mit hartkantigen Gesteinsproben vollzustopfen. 1873 hatte ein Schneider aus Nevada die Idee, die Nähte der Jeans durch rostfreie Kupfernieten zu verstärken. Der Legende nach war anfangs auch am unteren Ende des Hosenschlitzes eine solche Niete angebracht, doch die ließ man nach einer geharnischten Beschwerde schleunigst wieder weg: ein Kunde war dem Lagerfeuer zu nahe gekommen und hatte die Folgen der guten Hitzeleitfähigkeit von Kupfer an empfindlichster Stelle zu spüren bekommen. 1873 war auch das Jahr, in dem auf die Gesäßtaschen der Levi's Jeans erstmals das Markenzeichen der Doppelnahtbögen gesetzt wurde - sie sollten an die Schwingen des 'American Eagle' erinnern. Die Nähte waren pure Dekoration, aber sie symbolisierten ein Stück sentimentaler Erinnerung an jene Werte, von denen auch Levi Strauss so nachhaltig geprägt worden war: amerikanischer Unternehmergeist, unverbrüchlicher Optimismus und Überlebensfähigkeit.

1886 bekam der Hosenbund ein ledernes Rechteck, auf dem ein aufsehenerregender Werbestunt mit zwei Pferden, die in entgegengesetzer Richtung an einer Levi's zogen, verewigt war; die Pferde unterlagen.

Als die Goldfunde immer spärlicher wurden, zog ein Teil der Glücksritter zurück in den Osten. Andere blieben und fanden Beschäftigung in der Land- und Holzwirtschaft, bei der Eisenbahn oder im Handel. Doch auch dafür brauchten sie Hosen, und als Arbeitskleidung waren Levi's nach wie vor beliebt. So blieb die Nachfrage nach Jeans durch Jahrzehnte auf konstanter Höhe, und sie wurde nie von den veränderlichen Gesetzen der Moden und Stile beeinflußt. Im Westen war Denim zur Standard-Arbeitskleidung schlechthin geworden, und man hatte sich daran gewöhnt, 'von der Stange' zu kaufen.

Ihren Sprung über die Rocky Mountains verdankten die Jeans einigen wohlhabenden Oststaatlern, die in den 30erjahren - von Büchern und Filmen über die legendären Indianer, Cowboys und den 'Gold Rush' inspiriert - als Touristen westwärts zogen. Die Reise war noch immer ein kleineres Abenteuer, und die Gepflogenheiten des Westens - um nicht zu sagen Hollywoods - waren für die an urbane Nüchternheit gewöhnten Oststaatler ein seltsames und prägendes Erlebnis. Sie nährten sich von Cowboy-Fraß, ritten wacker im Western-Sattel, schwangen Lassos, trugen Stetsons und kauften Cowboy-Kleidung. So gelangten die ersten Levi's ostwärts, über den Mississippi, dunkelblau und mit Heldentradition imprägniert.

Status bekam Denim im amerikanischen Osten aber erst, als Claire McCardell, 1905 in Maryland geboren, die heute als erste ernstzunehmende Prêt-à-Porter-Designerin gilt, sich seiner annahm. 1938 schuf sie ihre erste Kollektion für Townley Frocks und kreierte gleich ihren ersten Klassiker - 'The Monastic', ein freischwingendes Zeltkleid. Mit ihrem sicheren Instinkt für die Bedürfnisse und Vorstellungen der freiheitsbewußten Amerikanerinnen wurde Claire McCardell im New York der 40erjahre rasch zum Synonym für saubere,

Schon in dieser um 1910 entstandenen Levi's-Anzeige wurde ein Mythos aufgegriffen
Erfolgreiche Goldgräber brauchten nicht nur Jeans, sondern auch Anwälte und Makler

Dreimal Denim aus der Sicht von Cartier-Bresson: Jeans zur Schirmmütze, zum Zylinder und bei der schattigen Rast funktionelle, lässige und bequeme Kleidung, die trotz ihrer Einfachheit und Geradlinigkeit modern und elegant war. Sie entwarf Klassiker wie 'The Pop-over', ein unstrukturiertes, untailliertes Wickelkleid, die 'Empire'-Linie, die schlicht modern war, Body-Stockings, die auf dem Konzept des Leotard beruhten, und das heute noch beliebte 'Shirtwaister'-Kleid. Ihre Entwürfe waren leicht nachzuschneidern, und die von ihr bevorzugten Stoffe - Jersey, Sackleinen, Baumwolle und Denim - waren erschwinglich und überall zu bekommen. Claire McCardell ließ sich weitgehend von jener funktionellen Kleidung inspirieren, die seit Generationen von Arbeitern und Bauern und deren Kindern getragen worden war, und für sie wäre die Faszination der 60erjahre für den 'Ethnic Chic' wohl keine Überraschung gewesen. Schon zwei Jahrzehnte zuvor orientierte sich ihre Mode an der Kleidung der Gruben- und Landarbeiter in Kalifornien und dem Mittelwesten, und sie erkannte die Strapazierbarkeit des Materials und die Brauchbarkeit der Entwürfe. Auf dieser Grundlage entwarf sie 'Mode für die aktive Stadtfrau', die auf ihre Kleidung nicht allzuviel Rücksicht nehmen kann. Und zugleich wurde Claire McCardell zur treibenden Kraft bei dem Versuch, Denim in eine urbane Umgebung zu verpflanzen und zu einer Kleidung zu verarbeiten, mit der die berufstätige, praktisch denkende und energische Frau etwas anfangen konnte. Das Material ließ sich gut tragen und sah auch nach dem Waschen, nach der Reinigung oder am Ende eines anstrengenden Tages noch gut aus.

So wurden - ihrem französischen Ursprung und ihrem italienischen Namen zum Trotz - Denim und Jeans zu einer durch und durch amerikanischen Tradition. Doch bis in die 50erjahre blieben sie ein reiner Nutzgegenstand und waren alles andere als ein modisches Statussymbol - Denim war unaffektiert und so urwüchsig wie der Dreck unter den Nägeln.

Die 'Ausgehkleidung' sah, speziell bei jungen Damen, immer noch anders aus: auch der abgebrühteste weibliche Teenager schwebte damals in Chiffon zum Rendezvous oder zum Debütantenball. Und wenn Mädchen beim Rasenmähen, in der Schule oder beim Radfah-

DENIM IN HARTEN ZEITEN

Kein Geld und wenig Hoffnung - in den harten Zeiten der *Great Depression* hing alles vom Durchhalten in widrigsten Umständen ab, vom unbeugsamen, der Verzweiflung trotzenden Willen. Versteinerte Stoa im Gesicht des Erntearbeiters, Loyalität und familiärer Zusammenhalt, Entschlossenheit beim Paar im Wagen. Denim ist ein allgegenwärtiges Symbol für den unverbrüchlichen Glauben an die Überlebenskraft des kampfbereiten Individuums.

ren Jeans und schlampige Sweater trugen, wurden sie als burschikose Gören abgestempelt, die ihre Brüder nachäffen wollten. Jeans waren eine Angelegenheit der Rebellen, der den Macho herauskehrenden männlichen Jugendlichen. In einem Amerika, das den Rock'n'Roll und den Krieg noch vor sich hatte, war Denim vor allem Ausdruck eines Lebens voll harter Arbeit, das mit Cowboy- und Freiheitsromantik und der Idee des Ausbruchs aus den Konventionen und Reglements des bürgerlich-urbanen Lebens gewürzt war. Jeans wurden mit Rebellion assoziiert, was der gerade entstehenden Jugendkultur sehr entgegenkam. In den 50erjahren, im Nachkriegseuropa, waren sie untrennbar mit dem aus Country& Western-Klängen abgeleiteten Rock'n'Roll verbunden und wurden von den Jugendlichen als Symbole und Vehikel der Befreiung aus der muffigen, abgestandenen Kultur ihrer Eltern vereinnahmt. Denim war der natürliche Stoff für eine neue, klassenlose, transatlantische Kultur, die sich auf Jugend und Aggressivität stützte.

Alison Lurie bemerkte in *The Language of Clothes*: "Wie der Wilde sich ein Bärenfell um die Schultern legt oder sich Adlerfedern ins Haar steckt, praktiziert der europäische Teenager von heute in seinen Levi's ansteckende Magie: unbewußt glaubt er, daß die Macht und die moralische Stärke von Amerika in diesen Jeans steckt und auf ihn übergehen werde." Außerdem weist sie darauf hin, daß "zu einem bestimmten Zeitpunkt manche Länder chic sind und andere nicht. In den meisten Fällen ist es ökonomische oder politische Allianz oder politische Macht, die ein Land modern machen"..."auf der niedrigsten Ebene ist dieses Phänomen der Ausdruck magischen Denkens." Amerikas Einstieg in den Zweiten Weltkrieg, der Marshall-Plan, seine mächtige Rolle in der NATO, die imperialistische Expansion, seine einflußreiche Film- und Musikszene, die offene Aggressivität, die sich in Rhetorik und Verhalten zeigte, Glanz und Glamour - all das ließ Amerika und seine Kultur für die Jugend in eben dem Maß attraktiv erscheinen, in dem es das Nachkriegseuropa unattraktiv machte.

W R A N G L E R S

Anbandeln in den 50erjahren - mit dem Lasso

Die geklonte amerikanische Familie der 50erjahre

Halt die da an dein zweites Ohr - Stereo! Disco-Denim der 60erjahre

The King - Elvis - im Straßenanzug; natürlich ist er aus Denim

Importe echter amerikanischer Jeans, Levi's im besonderen, bestätigten den Status jener, die genug Glück oder Geschick hatten, um sie herbeizuschaffen. Es ging darum, amerikanisch auszusehen, aufzutreten und sich amerikanisch zu fühlen. Billigkopien amerikanischer Jeans überschwemmten den europäischen Markt, aber die Kids ließen sich kein X für ein U vormachen - ihr Adlerauge war für prestigeträchtige Details geschärft und ließ keine minderwertigen Imitate durchgehen. Die Fälschungen paßten weder dem Körper noch dem Image. Amerikanische Jeans waren neu, geil, ordentlich und atmosphärisch durchtränkt von einer neuen Welt; sie waren jenseits von Mode - sie waren ein Standard. Wie der Rock'n'Roll waren sie grundsätzlich subversiv. Jeans waren modern (keine der Traditionen der amerikanischen Arbeiterklasse war mit ihnen importiert worden), und sie gehörten zu den Helden und zu den Rebellen. Elvis Presley war die Verkörperung des rebellischen Helden. Presley trug Cowboystiefel oder Schuhe mit Kreppsohlen und Westernhemden zu Jeans. Wenn er sein Haar zurückklatschte, die Hüften schwang und die Lippen öffnete, fielen die Frauen reihenweise in Ohnmacht oder brachen in orgasmische Schreikrämpfe aus. Elvis 'the pelvis' bedeutete Sex. Presley war ein ganzer Kerl - Fleisch gewordener Rock'n'Roll, und Rock'n'Roll war die Kraft der Jugend.

Denim, in der Identifikation mit den erregenden Hüften und Lippen von Elvis Presley, war perfekt - jede wesentliche Jugendbewegung braucht entweder neue Kleider oder neue Inhalte für einen bereits existierenden Stil. Presley und andere Sänger schlugen die Brücke zwischen Denim, Sex und Subversion. Kein pflicht- und verantwortungsbewußter, den Konventionen gehorchender Erwachsener hätte auch nur im Traum daran gedacht, Denim zu tragen, weil das Material längst als implizite Kritik am gesellschaftlichen Konformismus des bürgerlichen Establishments galt. Die Freizeitkleidung Jeans unterlief die Arbeitsethik, in deren Dienst sie ursprünglich gestellt war. Jeans wurden geächtet - in Sonntagspredigten, in der Presse und von der schweigenden Mehrheit. Die neuen Filme - *On the Waterfront, East of Eden, Rebel Without a Cause* - forcierten den Look. Marlon Brando, James Dean und jeder gereizt, ruppig und cool agierende Kerl in T-Shirt, Lederjacke, Stiefeln und Jeans heizten die Nachfrage an. Denim, bereits ikonoklastisch, wurde zur Ikone und nahm Werte und Bedeutungen an, die jeden ausgrenzten, der keinen Zugang zu den komplexen Signalsystemen, der Lebensart, den sozialen und sexuellen Bedeutungen des neuen Kults hatte. Blue Jeans waren für jeden, der Teenager widerstehlich und unverständlich fand, Symbole gewalttätiger Unreife und mutwilliger Herausforderung der Konventionen.

Vom Beginn der 60erjahre an waren Jeans als Straßenkleidung für Teens und Twens gang und gäbe. An den Hüften rutschten sie immer tiefer, an den Oberschenkeln wurden sie immer enger. Viel Vorstellungskraft für die Physis eines begehrten Körpers war nicht mehr gefordert, und schließlich kam auch der letzte Zipfel dran: Jim Morrison von den Doors öffnete den Reißverschluß seiner Jeans und holte hervor, wonach alle verrückt waren ("Ich wollte wissen, wie er im Bühnenlicht aussieht"). Durch Tragen und Gewaschenwerden liefen Jeans ein und bleichten aus. Man kaufte sie eine Nummer zu groß, weichte sie ein, bleichte sie und schleuderte sie, bis sie endlich der geforderten Dekadenz entsprachen. Wenn sie dann alles Brave abgelegt hatten, waren sie eng wie ein Korsett.

Zuerst ziehe man die Schuhe aus, strecke die Zehen wie ein Ballettänzer und ziehe die Jeans wie eine Strumpfhose über Beine und Gesäß. Dann lege man sich flach auf den Boden, halte den Atem an, nehme den Reißverschlußdorn fest in eine, den Bund in die andere Hand. Rütteln und schütteln, während der Reißverschluß hochgezogen wird; die Techniken waren unterschiedlich, aber normalerweise mußte man den Hintern anheben, und das ganze sah dann so ähnlich aus wie eine jener fortgeschrittenen Stellungen aus dem Kamasutra, die man alleine üben muß, um sie richtig hinzukriegen. Für den geschmeidigeren Sitz der Jeans opferte man allmählich auch die Unterhosen, deren Konturen sich ja doch

Aufriß in reißfestem Denim - let the good times roll

Erst Meditation, dann Revolution
Studentenleben in Blue Jeans, ins Bild gesetzt von Cartier-Bresson

nur unschön abgezeichnet hätten. Die Teenager lernten, mit dem Zipp so sachte umzugehen, daß nicht jedesmal ein paar Schamhaare dran glauben mußten. Der Effekt von rauhem Denim auf zarte adoleszente Geschlechtsorgane war gelegentlich - nun ja - peinigend; aber der erotisierende Effekt von Denim auf den nackten Körper war - nun ja - prickelnd.

In *Cities On A Hill* beschrieb Frances FitzGerald, wie Denim auf die Hippie-Welle kam: "Irgendwann Mitte der 60erjahre tauschte ein großer Teil der weißen, jungen Mittelschicht plötzlich und spontan ihre Mittelschichtkleidung gegen die Kleidung des Arbeiters - die Blue Jeans - ein und machte sich die Musik der schwarzen Arbeiterklasse zu eigen. Die Männer ließen ihr Haar wachsen, und die Frauen zogen Hosen an (Blue Jeans und gelegentlich auch Jeansjacken). Gemeinsam wandte man sich von der älteren Generation ab und ging auf die Straße"..."Sie suchten ihresgleichen, und ob sie einander bei einer Antikriegs-Demonstration, in Woodstock oder auf den Wegen in einen Ashram begegneten, die Erfahrung war stets die gleiche: sie waren Brüder und Schwestern und teilten ein Geheimnis, das sie nicht an Eleanor Rigby oder Mr. Jones weitergaben. Das Geheimnis bestand darin, daß nur sie allein echt und authentisch waren." Wie zuvor die Rocker identifizierten sich jetzt die Hippies untereinander durch ihre Kleidung - Blue Jeans und Denim-Hemden.

Solange sich die Hippies als eine Gemeinschaft Gleichgesinnter verstanden - Brüder und Schwestern in Idealismus vereint, die alle Liebe, Frieden, soziale Gerechtigkeit, Freiheit von bürgerlichen Institutionen und Werten anstrebten - solange entsprach ihre Kleidung dem Gleichheitsideal, weil sie so uniform war. Denim war das Abzeichen der Sozialethik, der sozialen Gemeinschaft und einer Gruppenidentität, die der konventionellen Kleidungsetikette nur Verachtung entgegenbrachte. "Die Gegenkultur," bemerkte Frances FitzGerald, "war nicht so sehr eine alternative Kultur als eine Antikultur, in der alle Strukturen und Konventionen aufgelöst wurden. Für die Jungen bedeutete das einen

K L A S S E N L O S

Ob bei der Demo oder in der trauten Landkommune - Denim war immer dabei;
er war die klassenlose Anti-Mode der klassenlosen Anti-Gesellschaft

Schmelztiegel im wahrsten, ursprünglichen Sinn, in dem sich alle Rassen Europas vermengen und reformieren konnten. Aber es war auch ein Schmelztiegel für einige Überbleibsel der viktorianischen bürgerlichen Kultur, die bis in die 60erjahre überlebt hatten. Die Bewegung war kein Selbstzweck, wie damals oft angenommen wurde; sie war eher ein Neubeginn, ein kreativer Ausfluß, aus dem neue Lebensformen entstehen konnten."

In den späten 60erjahren errichteten und besetzten amerikanische und europäische Studenten die Barrikaden der nicht unblutigen Revolution, die sich gegen reaktionäre Haltungen, gegen die atomare Bedrohung und den Krieg in Vietnam richtete. Denim, endlos adaptierbar, wurde von diesem Moment an von allen Klassen unter allen Bedingungen als Uniform im Kampf - körperlich oder sonstwie - für Frieden, soziale Gleichheit und Bürgerrechte getragen. Künstler, Studenten, die liberale Mittel- und Oberschicht, Mittelschüler, sogar Kinder - Denim war für alle da. Denim und Blue Jeans als Merkmale des Sozialismus und Liberalismus waren bis zu einem gewissen Grad Anti-Mode. Die Protestierer, die die Intoleranz und Ungerechtigkeit der Gesellschaft ablehnten, wehrten sich auch gegen die bürgerlichen Mode-Dogmen - die Mode der Straße war Denim, denn der war, wie die Hippies erkannt hatten, 'echt' und 'authentisch'. Denim war, so weit das möglich ist, klassenlos und anonym, ein bewußtes Symbol der Revolution, die keiner Kleidung bedurfte, um jemandes Stellung innerhalb der sozialen Hierarchie zu kennzeichnen.

Die lichten Höhenschichten der amerikanischen Intelligentsia waren anno 69 von Denim als dem neuen Ausdruck der glaubwürdigen Szenen-Zugehörigkeit noch nicht ergriffen worden - man lese nach in Tom Wolfes *Radical Chic and Mau-Mauing the Flak Catchers*, wo Andrew Steins Party in Southampton am 29. Juni 1969 so detailreich beschrieben wird. Kurioserweise schlüpften damals die anagitierten College-Boys aus der weißen Mittelschicht in markenlose Kohlenträger-Jeans und in grellbunte Socken aus dem Ausverkauf, die pro Doppelpackung 29 Cents kosteten, und das alles, weil sie so aussehen wollten wie

Zwei treue Gefolgsleute der Anti-Mode: Madonna und Mick Jagger

jene, mit denen sie sich solidarisierten, also wie die unterdrückten Kids aus den Armenvierteln. Doch die waren auf anderes scharf und standen, so Wolfe, "auf den James Brown-Look, auf gekräuselte Hemden, auf schwarzlederne Boyd's-Klamotten aus der Market Street und auf Fischgrätmuster. Hätte man versucht, ihnen eines der lumpigen Holzfällerhemden überzuziehen, sie hätten vor Ekel gekotzt." Allmählich verlor der Uniform-Status von Denim seinen Reiz, und die Jeans wurden von der - wie man annahm - klassenlosen Jugend subtil und individuell abgewandelt. Als die radikalen Sixties in die glamourösen Seventies übergingen, wurde Denim zur leeren Leinwand, die bemalt, bestickt, mit Flicken benäht oder ausgefranst werden wollte. Ausgelöst wurde die Welle von ein paar Rock-Stars, die das Grundmuster der authentischen Hippie-Jeans oder der Straßenkampfkleidung, die man im brennenden Paris getragen hatte, mit viel Glitzer und Glimmer aufmotzten. Man hatte sich an Denim gewöhnt und begann damit herumzuspielen - bald war man an dem Punkt angelangt, an dem der Schnitt lebenswichtig wurde, die Beinweite Gegenstand höchst kritischer Betrachtungen war und die Marke zentrale Bedeutung erlangte: Levi's, Wrangler oder Lee sprachen ihre verschiedenen Zielgruppen in genau definierten Codes an. Als die revolutionäre Hippie-Jugendkultur immer mehr akzeptiert und bei bestimmten Intellektuellen geradezu chic wurde, führte dies zur Notwendigkeit, die äußerlichen Symbole der Alternativkultur in die Mainstream-Kultur zu integrieren. Es lag auf der Hand, durch Kleidung Sympathie mit dem Look der Anti-Kultur zu zeigen, ohne sich deshalb gleich den damit assoziierten Lebensformen zu unterwerfen. Kleidung ließ Haltungen und einen Lebensstil vermuten, dem in der Realität nicht allzusehr entsprochen werden mußte. Kleidung konnte die Illusion vermitteln, daß jemand ein wenig aus dem gängigen Rahmen fiel - so wurde der 'echte Denim' zum 'Lifestyle-Denim'. 1971 ging der *Coty Fashion Critics Award* - der 'Oscar' der Seventh Avenue, also der amerikanischen Modehochburg - an Levi Strauss, was die Akzeptanz von Denim in der Modewelt bestätigte und signalisierte, daß es durchaus zulässig war, Denim auch abseits der Barrikaden zu tragen. Damit war die Jeans-Kultur von der etablierten Gesellschaft mit einer ihrer stärksten Waffen - der Mode - geschlagen und vereinnahmt worden.

Gesellschaftliche Institutionen, die durch Anti-Kulturen bedroht werden, reagieren schnell: indem sie sich mit ihnen identifizieren und dadurch den Effekt abschwächen - vergleichbar mit Antikörpern, die ein Virus entdecken und es mit vereinten Kräften unschädlich machen. Und was entsprang dem 'kreativen Ausfluß' der Antikultur? Richtig: der Designer! Die Mode adaptierte und neutralisierte den politisch provokanten Beigeschmack von Denim. Von dem Moment an, in dem Gloria Vanderbilt und Calvin Klein erstmals Hand an den blauen Stoff legten, war die Anti-Kultur tot und ihre Ikone - Denim - von der Mittel- und Oberschicht und deren Aspiranten vereinnahmt. Auf jeden Fall wurde Denim zu einem Klischee. Seit die Gegenkultur für mehr Menschen attraktiver geworden war, seit ihre Ideale und Ikonen desinfiziert und damit für den allgemeinen Konsum zugänglich geworden waren, hatte so gut wie jeder, der unter 40 war, zumindest ein Paar Jeans im Kleiderschrank. Es gab Kinderjeans, Umstandsjeans, Familienjeans, Freizeitjeans, Jeans für Preppies und Sloane Rangers. Wie der bahnbrechende Modemacher Charles James so treffend bemerkt hat, war der blaue Stoff Amerikas Geschenk an die Welt. Blue Jeans waren bald ein ebensoweit verbreitetes Totem wie Coca Cola.

1976 kamen drei oder vier Umstände zusammen, die den Status von Denim hoben: die Inflation ließ die Preise hochschnellen, schlechte Baumwollernten verursachten Knappheit, und Polyester war out, weil es angeblich Hautallergien verursachte. Überdies war Denim zwar banal geworden, aber man war nicht geneigt, ihn durch ein anderes Material zu ersetzen. Die Hippies der 70erjahre und ihre Sympathisanten waren ein bißchen älter und ein bißchen (manche sogar ein beachtliches bißchen) reicher geworden, aber sie blieben vielen Idealen, jedenfalls aber den Kleidungsnormen ihrer Jugend - und damit auch der eigenen

1971 ging Andy Warhol den Stones ans bis dahin Eingemachte - hier sein Albumcover für *Sticky Fingers*

Die Levi's "Route 66-Kampagne"

permanenten Jugendlichkeit - treu. Auf Denim waren sie so unverbrüchlich eingeschworen wie die Wurstfabrikanten auf Daimler-Benz.

In der ersten Phase einer Modeoffensive hebt man das Preisniveau eines Materials, und, siehe da, Ende der 70erjahre war Denim teurer. In der zweiten Phase werden Jeans für den Hausgebrauch von jenen im Fifth Avenue-Stil differenziert, und, siehe da, die Designer begannen mit Denim zu experimentieren und die Jeans aufzudonnern; sie bekamen Abnäher, wurden mit Lycra versetzt und mit Edelmaterialien wie Seide, Kaschmir, Leinen und Pelz zusammengespannt. Denim wurde zu Perlen oder zum Smoking getragen. Jeans, die ihre Wurzeln ursprünglich bei den Goldgräbern und dann bei den Hippies hatten, waren mit einemmal in Harry's Bar oder im Plaza zuhause.

Auf diesem Weg nach oben geschah etwas Seltsames. Genau dort, wo Jeans in den 60er-und 70erjahren ins Bild gehört hatten - in den Discos, den Weinlokalen und den Möchtegern-Schickeria-Clubs - wurden sie plötzlich nicht mehr akzeptiert. Den Marketing-Leuten bei Levi's fiel das auf und sie machten prompt einen Werbespot für das britische Fernsehen daraus: ein junger Typ wird beim Eingang zu einer Innenstadtdisco vom Türsteher gecheckt und nach einigem Hin und Her schließlich deshalb eingelassen, weil er *schwarze* Levi's trägt. Der Türsteher versteht den grundlegenden Code der Mode nicht: die ironische, persönliche Herausforderung des jungen Mannes unterläuft die Autorität. Die Oberen und Obersten können schier alles tragen und sich schier überall stilvoll bewegen - im Ritz wird keinem die kalte Schulter gezeigt, wenn er in Designerjeans zu seiner Suite schlendert. Aber in den Klubs, Bars und Restaurants, den Domänen der Unterschicht, der unteren Mittelschicht und der Mittelschicht, lief jeder, der nicht die lässigen Edel-Klamotten aus den Auslagen der Nobelgeschäfte trug, Gefahr, draußen bleiben zu müssen. Plötzlich gab es keine Hippies mehr, und stellvertretend wurden die Rocker geächtet: obwohl - oder gerade weil - die Straßenmode Mitte bis Ende der 80erjahre jenen Look forcierte, mit dem die bourgeoise Mehrheit noch nicht Schritt halten konnte - den der Fifties. Jeans waren im Ensemble mit zurückgeklatschtem Haar und Lederjacken ein Blickfang im Revival der Mode von vor 30 Jahren. James Deans Konterfei inklusive Schriftzug prangte auf dem Etikett einer 1987 lancierten Designerjeansmarke.

Auch die Frauenbewegung hat an den Kleidungsgewohnheiten manches verändert. Wenn die durch sie geprägten Frauen gern Jeans trugen, so taten sie es, weil sie Hosen als bequeme und legere Kleidung für informelle Anläße schätzten, aber gewiß nicht deshalb, weil sie auf männliche Attribute aus waren (abgesehen natürlich von den hartgesottenen Lesben, die Blue Jeans seit jeher für sich gepachtet haben). Aber wirklich feminin war Denim nie. Die Mode ließ das Material ein bißchen weicher wirken und donnerte es mit Straß, Stickerei, Fransen und Rüschen auf; Jeans-Röcke und Denimjacken wurden gefältelt, gebügelt und behübscht, doch zugleich wurden dadurch die essentiellen Eigenschaften von strapazierbarer Nutzkleidung pervertiert. In den 80ern wurde Denim wieder, was er einmal war - maskulin. Und sein Image war nach wie vor erotisch - und zwar mit einem gewaltigen Schuß Homoerotik. Die Werbung zielte auf Männer ab, und durch Männer auf Frauen. In einem der letzten britischen Werbespots für die Levi's 501 steigt ein junger Amerikaner, der zum Militärdienst einrückt, in einen Greyhound-Bus. Mannhaft verabschiedet er sich von der Freundin und drückt ihr ein in braunes Packpapier gewickeltes Präsent in die Arme. Sie öffnet es daheim in ihrem Zimmer und findet seine Lieblings-501 vor. Auf dem Bett liegend zwängt sie sich hinein und träumt von ihm. Das Schenken eines Kleidungsstücks ist symbolträchtig: ein adeliges Fräulein gab ihrem Ritter, ihrem Helden ein magisch wirkendes Zeichen ihrer Zuneigung - ein Taschentuch, ein Halstuch oder irgendein anderes Kleidungsstück. Auf genau dieselbe Art schenkt der Held, der in den Krieg zieht oder sonst eine Pflicht erfüllt, seine Jeans - als Zeichen seiner Kraft, Männlichkeit, Tugend und Sexualität - jener Frau, die fürderhin ohne ihn auskommen muß. Altmo-

1987 hat die "James Dean Foundation" die Verwendung dieses Labels für Dean Jeans gestattet

Ein schwules Paar im Macho-Denim - Sklaven eines Fetischs?

disch, aber stark. Er trägt die Hosen, Levi's 501, und trennt sich von ihnen nur unter außergewöhnlichen Umständen. Denim ist implizit stark, Denim ist Macho, Denim ist für Aufreißer.

Um es noch etwas weiterzutreiben: Denim ist schwul. Seit den späten 60erjahren, seit Stonewall, tendierten Homosexuelle zum aggressiven Look. Denim steht für permissives Umherstreunen im düsteren Hafenviertel, für den Marlboro-Mann und seine verwegenen Zu- und Mitreiter (interessanterweise tragen die Zigarettencowboys in den neueren Anzeigenkampagnen beigefarbene Hosen - hat es da jemand mit der Angst zu tun gekriegt?) Denim zieht die Blicke auf das warme Fleisch unterhalb der Gürtellinie, und je appetitlicher es präsentiert wird, desto lieber wird zugegriffen. Edmund White beobachtete in *Fantasia On The Seventies*: "Lange Zeit wurde behauptet, daß die 70erjahre nie richtig begonnen hätten. Das Jahrzehnt hatte keinen bestimmten Stil, kein Flair, keine Slogans. Der Fehler lag darin, daß wir alle nach etwas so Überwältigendem wie den Beatles, Acid, Pop Art, Hippies und radikaler Politik Ausschau hielten. Was tatsächlich einsetzte, war eine schwierige und unerwartete Periode, in der jene Normen, derer man sich in den 60ern so frischfröhlich entledigt hatte, wieder zum Tragen kamen"..."Fantasiekostüme (Gazeroben, perlenbesetzte Stirnbänder, Gilets mit Spiegeleinsätzen) wurden durch einen neuen Brutalismus ersetzt: schwere Schuhe, Denim, Bärte; das einzige Zugeständnis an die alte Androgynie war ein unauffälliger goldener Knopf im Ohr. Nichts wirkt heute trostloser als ein vergilbtes 'Unisex'-Schild in der Auslage eines Vorstadtfriseurs." Der 'neue Brutalismus' in Europa - vor allem in London - wurde von den Punks verkörpert, die Denim als weibischschwächliches Flower-Power-Zeug wie Haschisch oder infantilen Idealismus ablehnten. Ob schwul oder nicht - sie waren zynisch, aggressiv und voll Haß.

Den Rockern war Denim auch deshalb suspekt, weil er sich um 1977 schon als Designer-Material in der Mittelschicht-Kleidung etabliert hatte. In den späten 70ern hatten Calvin Klein, Gloria Vanderbilt und andere ein ganz gezieltes Käuferverhalten geortet und blitzschnell darauf reagiert: Jeans wurden zur Statuskleidung einer Schicht, die sich durch ihren Geschmack von jenen unterscheiden wollte, die entweder von der Subtilität der Hohen Mode keine Ahnung hatten oder sie verachteten. Die Blue Jeans, die am Rodeo Drive defilierten, mußten schon auf den ersten Blick teuer aussehen, deshalb setzten Gloria und Calvin ihre Namen auf auffällige Etiketten. Die Modepresse hielt viel von Schnitt, Qualität, der Liebe zum Detail und vom Preis - und sie hielt viel vom Namen Vanderbilt, der die einzige wirklich essentielle Zutat war. Großer Name, hoher Preis, Hohe Mode, hoher Status. 1982 zeigte Karl Lagerfeld Denim in seiner Kollektion für das Pariser Haute Couture-Haus Chanel, und im selben Jahr unterstützte Levi Strauss einen Design-Wettbewerb an der St. Martin's School of Art in London, um das klassische Denim-Design zu fördern. Die meisten Studenten ließen Stonewash und alle anderen Abwandlungen von Denim links liegen und stürzten sich auf das indigoblaue Original.

Sie waren deshalb so scharf auf die ursprüngliche Farbe und Struktur des Indigo-gefärbten Denim, weil sie unter dem Einfluß von japanischen Designern wie Kenzo und Miyake standen, die ihre eigenen Stilelemente in die europäische und amerikanische Mode einfließen ließen - durch das Schichten, Wickeln, Drehen und Drapieren von rauhen Materialien wie grob und unregelmäßig gewebte Baumwolle, Leinen, Gummi und Denim. Bei diesem radikalen Umgang mit Mode kam die Wirkung eher aus der Struktur als aus der Form, obgleich Materialien wie Denim formbestimmend sind und den Designern ihre eigenen Ansprüche auferlegen. Bestimmend wurde der Einfluß der Japaner aber erst Mitte der 80erjahre, als - es war eine Verbeugung vor den Punks - die zerrissenen Jeans in Mode kamen. Der 'Arme-Teufel-Look' der löchrigen Jeans und Jacken war das letzte Röcheln des Punk, sein letzter Versuch, Modestatus zu gewinnen. Es gibt Leute, die im wörtlichen Sinn ihre Kleider in Fetzen reißen, nur um nicht Gefahr zu laufen, womöglich mit der rei-

Jugendliche Heteros im Unisex-Denim; macht er sie so weltverdrossen?

R A U H E R   D E N I M ,   R A U H E   T Y P E N

Hell's Angels und heiße Eisen

Ein Brighton Beach Rocker

Dreimal Denim auf dem Trafalgar Square: Normalo, Punker und Rocker

chen Oberschicht-Freizeitgesellschaft in einen Topf geworfen zu werden. Punk provozierte die gesellschaftlichen Konventionen und zeigte die geballte Faust: durch die Musik, die Frisur und durch Gewalt gegen den eigenen Körper. Punks, die nicht mit der Wimper zuckten, wenn sie Metallgegenstände durch ihre Haut bohrten, hatten auch keine Scheu, ihre Kleidung zu zerfetzen. Der zerschlissene 'Die Zeiten sind hart!-Look' verachtete und verhöhnte ganz bewußt das glamouröse Hippie-Outfit, das sich seinen Fixplatz in den oberen Sphären der Mode bereits erobert hatte, und er parodierte zugleich das ursprüngliche Rock'n'Roll-Image. Aber es dauerte gar nicht lang, bis die ersten Werbeflächen von Calvin Klein auftauchten, auf denen an den Knien eingerissene Jeans zu sehen waren. Und wenn die Designer anfangen, Jeans zum Preis von 60 Dollar kunstvoll zu zerreißen (und somit die Parodie parodieren), dann kann das Ende nicht mehr weit sein. Wer, außer den Reichen und den Wilden, kann es sich schon leisten, so mit seiner Kleidung umzuspringen? Hier treffen sich die Extreme, und in diesem Finale spielt die Mittelschicht nicht mehr mit.

Denim war so subtil wie die Sprache geworden. Denim, für sich allein genommen, hat keinerlei Bedeutung und ist nichts als leere Leinwand. Aber der Zusammenhang - die Grammatik der Mode - enthebt das Material seiner Banalität. Ein Etikett, eine Gürtelschlaufe, ein Schlüsselanhänger, Nieten, Knöpfe oder Reißverschluß, der Grad der Gebleichtheit, der Allgemeinzustand, die Innennaht, ausgefranste oder gesäumte Hosenbeinabschlüsse - das alles war Straßengespräch, provozierte Kommunikation, schuf Glaubwürdigkeit. Gezieltes Konsumverhalten war ein etwas anderer Dialekt: Schnitt, Farbe, Monogramm implizierten Geld, Status, raffinierte und versierte Kenntnis der Subtilitäten der Mode. So sprach man in New Yorks Fifth Avenue, und dafür hatte man in der Seventh Avenue ein aufmerksames Ohr.

In den Randbezirken enthüllten Nazi-Insignien, der Italo-Faschistenstil, schwere Nieten, Metallverschlüsse und Dreck und Schmieröl eine Sprache, die so scharf getunt war wie die

Motorräder der Hell's Angels. Damit verglichen war der Vorstadt-Biedermann mit seinem karierten Anzug aus dem Versandhauskatalog ein wahrhaft sprachloses Geschöpf.

Nach den Regeln der Modegrammatik lehren uns die Jeans, daß die Menschen unterhalb der Taille mehr gemeinsam haben als oberhalb - zum unterscheidenden Indikator für soziale Identifikationswünsche wird die Kleidung meist erst von der Mitte aufwärts. In der unteren Körperhälfte - also im Zuständigkeitsbereich der Jeans - tritt das Trennende beiseite, denn die Sexualität ist in jedes Menschen Natur verwurzelt; bloß, daß manche dazu mehr zu sagen haben als andere. Der universelle gemeinsame Nenner ist also der Sex - aber Denim ist das Medium. Das Medium ist die Message: "Die Medien verbreiten keine Ideologien; sie sind selbst Ideologien," bemerkte Umberto Eco. Ecco - Denim ist ein universelles Medium, eine universelle Ideologie der Nachkriegswelt.

Die Grammatik der Mode: zerrissene Jeans, hier als Rufzeichen gebraucht

Anthony Crickmays Sicht der Denim-Welt: Auf dem Rücksitz werden die Nieten heiß

WIE DER KLANG DER WERBETROMMELN DIE MENSCHHEIT AUF DEN DENIM-LIFESTYLE BRACHTE UND WIE DIE ANTI-MODE GROSS IN MODE KAM

"Emily hatte früher ein paar Freunde, aber zur Zeit ist sie solo - greift zur Feder, Burschen, legt ein Foto bei, und wenn ihr drauf kommt, was es bedeutet, 501 zu tragen, aber nicht einfach, weil sie 501 sind, dann seid ihr auf der richtigen Spur." Diese Passage stammt aus einem 1987 aufgenommenen Interview mit dem Teenager-Star Emily Lloyd aus dem Kinokassenschlager *Wish You Were Here*. Bei den Teenager-Cliquen ging der Inhalt über die Form: mit Lollipops, Fingern oder einer fremden Zunge im Mund saßen sie in den hinteren Kinoreihen, die Drüsen auf Hochtouren, die Kiefer im Dauereinsatz. Sie sahen den 83er Levi's-Spot, der ihre Ohren mit orgiastischem Rock volldröhnte und ihre Augen mit fesselnden Bildern von siedendem Metall attackierte - eine Urkraft der Erde, Kupfer, aus dem die Levi's-Nieten sind. Die Botschaft wurde verstanden - es gibt Nieten, und es gibt Levi's-Nieten. Klar, daß sich die Kids bei solchen Strömen von Urgewalt selbst wie Kraftwerke fühlten, wenn sie in einer authentischen 501 steckten, und daß sie auf alle möglichen Gedanken kamen, wenn sie mit den Fingerkuppen an den kleinen harten Nippeln der Kupfernieten herumfummelten.

Emilys Ansichten über Blue Jeans im allgemeinen und die Levi's 501 im besonderen wurden von der Londoner Werbeagentur BBH (Bartle Bogle Hegarty) vorfabriziert, die von Levi Strauss den Auftrag erhalten hatte, das Vertrauen der wichtigsten Zielgruppe - das waren die 15- bis 20jährigen - wiederherzustellen. Für BBH war Levi's ein neu gewonnener Etat, und dementsprechend legte man sich ins Zeug. Die letztlich ausgearbeitete Strategie sah vor, daß Levi's "die essentiellen Eigenschaften Zähigkeit, Strapazierfähigkeit und Stil wiederherstellen sollte". Peter Shilland, Levi's Marketing Manager für Nordeuropa, vertrat die Ansicht, daß der Levi's-Konsument der 80erjahre keiner definierten Altersklasse angehöre - viele der nicht mehr Blutjungen trugen nach wie vor ihre alten Blue Jeans zur Schau, als ob gestern morgen wäre, doch für das junge Publikum war Mode immer noch wichtig. "Wir stellten fest, daß viele Kids unter 20 das Gefühl hatten, daß Jeans-Werbung voller Klischees - naiv und dumm - war, und sie artikulierten das auch ganz klar", hieß es bei BBH und weiter: "Lifestyle-Werbung wurde als ziemliche Bevormundung empfunden" ..."Wenn man auf einer bestimmten Lifestyle-Schiene fährt, schließt man 95 Prozent seines Marktes aus"..."Mit Lifestyle ist es endgültig aus und vorbei." Lifestyle starb jung - sein Leben hatte, von 1972 an, gerade 10 Jahre gewährt.

1972 war das Jahr, in dem die Jeans-Werbung ihre Etiketten und ihr Geld auf knackige Hintern setzte - mit Jeans zum Bebop-Lifestyle. Die Marktführer in Großbritannien waren Levi's mit ungefähr 15 Prozent Marktanteil und Wrangler mit 13 Prozent, der Rest tümpelte in einstelligen Sphären herum, meist mit Produkten, auf die nur unbedarfte Neandertaler abfahren konnten. Wenn Levi's der Name für Blue Jeans schlechthin war, 'the real thing' wie Coke, dann war Wrangler das Äquivalent zu Pepsi Cola. Dieser Vergleich bietet sich auch deshalb an, weil Blue Jeans längst zu einem Mega-Business geworden waren. 1946 hatte der Umsatz von Levi's läppische 20 Millionen Dollar betragen, und die waren hauptsächlich von den Käufern von Arbeitskleidung gekommen, die mit 45 verschiedenen

DIE TOTALEN NEUNZIGER

Stonewash, roher, strukturierter Denim, Messingnieten und lockerer Sitz.

Der Stadtzigeuner-Look der 90erjahre, hier vorgeführt von Wrangler

Größen und einem einzigen Schnitt ihr Auslangen gefunden hatten. Bis Mitte der 60erjahre wurden Jeans ihrer praktischen Funktion wegen gekauft - sie waren nicht umzubringen und hatten mit Mode rein gar nichts im Sinn. Noch 1967 war Arnie's Army Surplus Store die bessere Adresse für Jeans als die Nobelkaufhäuser Harrods oder Bonwit's.

Aber innerhalb von fünf Jahren trug, laut Lybro Jeans, "jeder von Steve McQueen, Gunther Sachs bis zum Penner an der Ecke Jeans. Sie waren zum großen Symbol der Klassenlosigkeit geworden - auf Kleidung übersetzt, das Äquivalent des Mini Cooper. Richtig chic ist man heute, wenn man Mini fährt und abgewetze Jeans trägt." Der Jet-Set, die Millionäre, die Filmstars und die Penner auf der Straße führten nicht einfach ein Leben - sie hatten Lifestyle, wenn auch in unterschiedlicher Ausprägung. Aber keiner zahlte für seine Jeans mehr als ungefähr 15 Dollar. Ein 'Creativ-Director' kommentierte das in einem Artikel für eine Werbe-Fachzeitschrift so: "Wahrscheinlich gibt es außerhalb der religiösen Orden kein Kleidungsstück, das ein so weit verbreitetes Synonym für einen vollständigen Katalog religiöser Werte und ein Symbol für einen veränderten Lebensstil ist, den man im wahrsten Sinne des Wortes und mit dessen üblem Beigeschmack als pseudo-religiös bezeichnen kann." Was er meinte, war, daß alle Welt, von Marin County bis St. Moritz, von Haight-Ashbury bis Hoboken, plötzlich hippiemäßig unterwegs war - locker und gelassen, ständig sende- und empfangsbereit, frei in jeder Hinsicht. Blue Jeans umspannten nicht nur die Hinterbacken ihrer Träger, sie spannten auch den Bogen über eine ganze Generation mit einem einheitlich positiven Lebensgefühl. Der 'Creativ-Director', der Mann, der weiß, wo es was um wieviel zu holen gibt, entschlüsselte den Denim-Code weiter: "Ursprünglich als Arbeitskleidung gedacht wurden Jeans plötzlich zur Uniform des Non-Konformismus - eine Unisexuniform noch dazu. Es ist nur ein Beispiel, wenn auch das markanteste, für den Vorsatz einer Generation, die Werte ihrer Vorläufer auf den Kopf zu stellen, ihre Würde in den Staub zu werfen und perverses Vergnügen an scheinbar Trivialem zu finden."

Steve McQueen in einer Drehpause - im klassisch klassenlosen Denim-Lifestyle

Blues in Südamerika; die magisch-realistische Kamera von Sebastiao Salgado hat im bolivianischen San Juan de Chimborazo zwei Kinder eingefangen (1982)

KÜNSTLER IN POSITUR

Ernest Hemingway und sein Sohn als durch und durch maskuline Jägergestalten im Denim

Augustus John, Künstler und Doyen der britischen Boheme, apostolisch im Arbeiter-Denim-Outfit

Andy Warhol, der Bilderstürmer, in kultiviert-kultischer Jeans-Uniform

Er hatte den Nagel auf den Kopf getroffen, als er die signifikante Attraktivität von Blue Jeans für einen in jeder Hinsicht offenen Markt erkannte: "Was anfangs ein Symbol der Rebellion war, wird nun zum Symbol der Kontinuität dieser Bewegung. Solange es Levi's gibt, wird niemand ausgeschlossen." Der Erneuerer, das Mundstück der Artikulation der Werte des Anti-Establishment, wird von der etablierten Modeordnung subtil absorbiert und verliert seine Kontur. Die 68er mögen zwar von der Straßen in teure Appartments übersiedelt sein und ihre Transparente und einige ihrer Prinzipien aufgegeben haben - aber für sie war die Welt im großen und ganzen in Ordnung, solange in ihren Schränken die Levi's neben dem Sweater mit dem Emblem ihrer Alma Mater und vielleicht ein paar anderen Trophäen einer unschuldigen und idealistischen Jugend hingen. Und mit dieser Einstellung im Herzen verlagerten immer mehr ehemalige Freaks und Straßenkämpfer ihren Erfahrungsschatz in die Sitzungssäle der großen Konzerne und in die Korridore der Macht.

Da waren sie also, die Jeans von 1972, schwingend und in Bewegung zur Musik von Little Richard, der sich für Lybro Jeans *Good Golly Miss Molly* aus dem Leib schrie, nicht zu verwechseln mit dem schmalzigen Tutti-Frutti-Falsetto für Levi's. Die Musik - der Rock der 50erjahre - verwies nicht auf Cowboys oder Schutzhelmträger, die ehemals wichtigsten Kunden der Jeansfirmen, sondern auf jene, "die nicht wissen, was sie tun", und auf sinnliches Volk, das mitternächtens durch die Stadt streunt. Die Bilder wurden aus der Andenkenschachtel von Kenneth Angers *Scorpio Rising* hervorgekramt, einem zum esoterischen Klassiker avancierten Underground-Kurzfilm, in dessen Zentrum ein Motorradcowboy steht, der seine Maschine ölt und zur Musik von *She Wore Blue Velvet* in unzweideutiger Manier in seine abgewetzten Jeans gleitet; das war eine Anspielung, die nicht nur von Insidern und Schwulen kapiert wurde.

Der 'American Dream' der 70erjahre, wie er in Europa und weiter östlich wahrgenommen wurde, war ziemlich unschuldig und sogar naiv: Blue Jeans sprachen beredt von an-

Schwerer Denim und schwere Ketten als Markenzeichen der aufsässigen Vorstadtjugend;
daneben die - weniger urwüchsige - durchgestylte Variante des gut motorisierten Bürgerschrecks

Berliner Kommunarden im Euro-Denim: Polymorphe Perversion in der postnuklearen Großfamilie

Auch der einsame Wanderer auf den Pfaden der Erleuchtung kommt ohne Jeans nicht weiter

scheinend selbstverständlichem Wohlstand und einer auf sich selbst konzentrierten Gesellschaft, die es sich leisten konnte, ihren eigenen Krieg in Vietnam zu verabscheuen und idealistisch für die Bürgerrechte einzutreten. In der schlechtesten und der besten aller Zeiten waren Jeans der Ausdruck von Jugend und Idealismus, man trug sie, wenn es aufregend wurde oder wenn Aufriß angesagt war; in Jeans leistete man sich neue Freiheiten und gab sich nicht mit Nebensächlichkeiten ab, in ihnen überwand man Barrieren und keine Randsteine.

Jeans trug man dreckig und schmuddelig, zerrissen und zerschlissen. Jeans waren etwas persönliches - angepaßt an jeden einzelnen, höchst individuellen Körper - und Jeans hoben in der Welt der 70erjahre die äußere Unterscheidbarkeit der Geschlechter auf. Frauen trugen Männerjeans, Schwestern und Brüder wandelten selbander unter dem Indigo-blauen Denimhimmel. In den 70ern bestand die Schwierigkeit eher darin, neue Jeans zu verkaufen, weil sich ihre Träger keinesfalls in einem bügelfalten-getrimmten brandneuen Exemplar erwischen lassen durften. 1979 war Levi's mit 16 Prozent Marktanteil in Großbritannien die Number One, gefolgt von Wrangler mit 11 Prozent, während kleinere aber einflußreiche Designmode-Hersteller wie die italienische Firma Fiorucci bescheidene 80.000 Paar pro Jahr losschlugen; sie belieferten vor allem betuchte Teenager mit einem Faible für das Auffällige. Fiorucci Jeans kosteten - was wichtig war - in England um die 25 Pfund, verglichen mit 15 bis 18 Pfund auf dem Preisschild einer Levi's. Nach Aussage der britischen Firma Lee Cooper wurden ungefähr 60 Prozent aller Jeans an die Altersgruppe der 16-25jährigen verkauft, aber bei Wrangler schätzte man, daß dieses größte Käufersegment bis hin zu 34jährigen reiche, die das letzte Symbol ihrer Jugend nicht aufgeben wollten. Fast überall in Europa waren Jeans auf breitester Basis akzeptiert und so gut wie salonfähig geworden - in Dänemark gingen sogar schon Bankangestellte im Denim zur Arbeit.

In dieser Situation wagte Gloria Vanderbilt den Sprung auf die Bühne des Modedschungels, und sie ging dabei mit der Geschmeidigkeit und der Chuzpe einer jagdhungrigen Raubkatze vor. Sie besaß Image, einen wohlklingenden Namen und kannte die Eleganz und den Geschmack der großen Welt. Ihre Ideen füllten eine beachtliche Marktlücke und nährten *die* Mode-Success-Story der späten 70er- und frühen 80erjahre. Zum Etikett ihrer Designer-Jeans gab es mindestens ein halbes Dutzend Begleittexte. Das Gloria Vanderbilt-Logo baute auf eine Kette von aktuellen Trends: europäische Designer wie Fiorucci hatten bewiesen, daß der Preis bei hochstilisierten, hypermodernen Jeans keine Rolle spielte. Der Markt für Jeans war größer als angenommen, er reichte von den Mittdreißigern bis zu den Mittvierzigern, und ein beachtlicher Käuferanteil bestand aus Frauen. Keine der großen Jeansfirmen hatte bis dahin spezifische Schnitte für Frauen herausgebracht, die - man höre und staune! - eine andere Silhouette als Männer hatten und keine Männer sein wollten; die alte Androgynie - unisex - war ein vergangener, dekadenter Traum. Frauen tendierten zu einem feminineren Look, wollten aber nur ungern zum traditionellen Rollenbild der Frau oder gar zu den süßen Mädchenkleidern zurückkehren. Niemand konnte die Frauen noch einmal in pastellige, gemusterte Kleidchen und Röcke zwängen. Gloria schenkte dem Umstand Beachtung, daß Frauen auf Hosen standen und sie auch nicht mehr ausziehen wollten. Wie die Männer standen sie auf Denim - der eine bekannte Ikone ihrer Jugend war, aber immer noch ein eindeutig männliches Image hatte. Die Feminisierung von Denim war schwierig - es brauchte Glamour und eine auf die 'neue Frau' zugeschnittene modische Spannung. Die Barbie-Puppe wollte mit dem Action-Man gleichziehen. Mit ein wenig zweigleisigem Denken, um nicht zu sagen, zweigleisigem Marketing, machte man die 'neue Frau' zu einem modernen Aschenputtel: raus aus den Latz-Jeans, rein in die Vanderbilts, raus aus der Küche, rein in die Disco. Von der Alltagsroutine zu Vanderbilt, von Hogpatch zum Sutton Place, das Geld war ja da, bloß wußte man nicht so recht, was genau man damit kaufen sollte. Geld auszugeben war in Ordnung, so lange es nicht rein ostenta-

Ein Mann, sein Motorrad und seine Sozia (sie im asymmetrischen Jeansrock); hoffentlich sind sie auf dem richtigen Gleis

VIER PROMINENTE IM DENIM

Jane Fonda, grimmig unterwegs; Brigitte Bardot als spätes Schoßkind;

die Monroe beim Textstudium für *Misfits*; Lady Di bei einer Spritztour

tiv war - noch war der Hippie-Ethos nicht völlig zusammengebrochen, und Arbeitsethik war noch immer ein wenig anrüchig.

Aber die Anti-Mode 'Hippie-Denim' war drauf und dran, vom Mode-Mainstream absorbiert zu werden. Mitte der 70erjahre, als Jeans den Zenit ihrer Verbreitung erreicht hatten, bemerkte Ted Polhemus: "Ich war zu einer Party des Marquess of Dufferin and Ava eingeladen, und alle waren da: die Jaggers, David Hockney, Leonard (ein Stylist aus London), Peter Sellers, Liberace (die Party wurde ihm zu Ehren gegeben), J. Paul Getty, und eine Reihe honoriger Leute. Dann erschien, von Kopf bis Fuß in zerschlissenen Denim gehüllt, der Gastgeber, und auf den Rücken seiner Jacke, die jeden Moment zu zerfallen drohte, war der Schriftzug 'Kansas City' aufgenietet"..."Das bedeutet schlicht und einfach, daß die Mode ständig die Anti-Mode vereinnahmt, und ziemlich seltsame Anti-Mode noch dazu." Die Vorstellung, daß 'sich herausputzen' bourgeois und kapitalistisch war - ein Schimpfwort im Vokabular der puristischen Hippie-Generation - war nicht so leicht umzubringen, aber Gloria war die Vorhut jener Modeattacke, die der traumtänzerischen Hippie-Ideologie endgültig den Garaus machte.

Design war das Zauberwort, und Denim war der dazugehörige Stoff - "Die 'Kansas-City'-Jacke," sagt Ted Polhemus, "hat, wenn der Marquess von Dufferin and Ava sie trägt, natürlich eine andere kommunikative Bedeutung als am Körper des Amerikaners, für den sie ursprünglich entworfen wurde. Die Sache blieb dieselbe, aber ihre Bedeutung hat sich drastisch geändert." Denim, in Verbindung mit dem Jet-Set-Glamour von Titel, Geld und Macht (verkörpert durch den Marquess und - nicht weniger wichtig - durch die medienwirksame Zusammensetzung seiner Party-Gäste) war reif für eine Wende zur Reaktion. Die Allianz von Snob-Appeal, gutem Design und dem von Denim symbolisierten traditionellen Idealismus ergab eine unwiderstehliche Marketing-Strategie. 1982 waren die Jeans-Verkaufszahlen auf eine Milliarde jährlich hochgeschnellt, und Gloria und andere Desi-

Ein Delegierter beim "Beat Boy Congress" in Zürich, 1989

gner hatten dadurch, daß sie Denim den Nimbus des Stils verliehen, Blue Jeans in der ehrgeizigen Mittelschicht etabliert. Die konnte sich zwar auch mit Hilfe einer 'Kansas-City'-Jacke nicht das Flair von altehrwürdiger markgräflicher Bedeutsamkeit aneignen und war in keiner Weise vom x-beliebigen Jeansträger zu unterscheiden, flog aber nichtsdestotrotz auf hochklassiges, hochpreisiges Designer-Denim, zum Teufel mit den Inhalten.

Designer-Jeans waren hauptsächlich Frauensache, was die Bedeutung von Denim entscheidend änderte. In Amerika wurden Gloria Vanderbilt Jeans seit 1978 lanciert, in Großbritannien seit 1980. Andere Markennamen wie Cardin, Calvin Klein, Sassoon, Diane von Fürstenberg oder Ralph Lauren folgten, und die Kunde von den selbsternannten neuen Denim-Zaren drang schließlich auch bis in die Vorstandsetagen von Levi Strauss und anderen großen Jeans-Firmen.

Um 1984 sanken die Verkaufszahlen von Jeans und Denim-Kleidung stark ab - die Welle hatte den Strand erreicht; Levi Strauss gab eine weltweite Drosselung der Produktion bekannt. 1981 war für Denim das Jahr des Booms, das 'annus mirabilis', gewesen, in dem Jeans einen Anteil von 61 Prozent am gesamten Verkauf von Freizeithosen für sich verbuchten, was gegenüber dem Vergleichsjahr 1979 einen Anstieg um 46 Prozent bedeutete. 1984 lag dieser Anteil nur noch bei 59 Prozent. Das Problem bestand in einem besorgniserregenden Trend der Konsumenten zur Unabhängigkeit: "Die Leute wollen keine Uniformen mehr kaufen, ihr Zugang ist individualistischer", verkündete ein Sprecher von Levi's. Die Fitness-Welle hatte das Modependel in Richtung kombinierbare Freizeitkleidung schwingen lassen, die im Vergleich zu den engsitzenden Jeans bequemer und leichter war. 'Formal Wear' und 'Casual Wear' waren immer schwieriger zu unterscheiden - der Konsument wollte zugleich elegant, 'wie aus einem Guß' und Lycra-anschmiegsam angezogen sein. Wenn es aber zutraf, daß Levi's Jeans längst zu einem so unvergänglichen Exponat im Museum der ewigen Produktmarken geworden waren wie Alec Issigonis' omnipräsenter 'Mini', wie der Xerox-Kopierer oder wie der Bic-Kugelschreiber, dann lag die Lösung auf der Hand - nur ein noch stärkeres Insistieren auf den Vorzügen und Traditionen der alten Marke konnte den Niedergang bremsen und einen neuen Aufschwung vorbereiten.

Keine andere Werbe- oder Imagekampagne für Blue Jeans hatte je eine größere Wirkung als die britische 'Waschsalon-Kampagne' und die daran anschließenden 'Badezimmer-Spots'. Nach einem bislang noch nicht dagewesenen Absatzeinbruch in Europa Ende der 70erjahre begannen sich Anfang der 80er die Verkaufszahlen in Frankreich sogar ohne Werbemaßnahmen zu beleben. Der Aufschwung, den die Levi's 501 bei den französischen Primanern und Boulevard-Flaneuren (Bon Chic Bon Genre) genommen hatte, war ein Fingerzeig darauf, daß das Prestige von Denim wenigstens in bestimmten Kernschichten intakt geblieben war. Die Marke war ein Klassiker, ein Geheimsignal unter initiierten Modejüngern. Mit der Zahl 501 war jener Ballen Denim numeriert gewesen, aus dem mehr als ein Jahrhundert zuvor die ersten Levi's geschneidert worden waren. Die Fabrikation der 501 dauert um ein Drittel länger als die anderer Jeans, und die Aufmerksamkeit, die jedem Detail gezollt wird, ist hoch: Bar Tacks mit 42 Stichen auf 1,2 Zentimeter, Nieten an jeder Taschenkante, Hosenknöpfe aus Nickel, doppelte Außennähte. Das rote, fahnenartige Etikett sagte das alles. Nein, die 501 waren mit nichts zu vergleichen, sie waren exklusiv und - paradox bei einem Produkt, das mit Klassenlosigkeit identifiziert wird - elitär, jedenfalls bei den oberen 15 bis 20 Prozent der Modebewußten, die Interessantes durch Mundpropaganda weitergaben und die durch britische Magazine wie *The Face*, *Ritz*, *Blitz* und andere ständig mit der Szene in Verbindung blieben.

Elitedenken hieß, daß Denim bei den Jungen nichts mehr mit jener 'Freiheit' zu tun hatte, die ihre Eltern in den 60erjahren gemeint hatten. Die Wiederentdeckung von Denim und die damit verbundenen Möglichkeiten waren nur eine weitere Art der Selbstdarstellung

Harter Denim auf zarten Schultern - Valentino 1989

Perry Ellis und der Totemismus: Künstlermähne, energisches Kinn, schmuckloses weißes T-Shirt und adrette Jeans und die Aneignung des nostalgischen Flairs einer selbst nicht erlebten Zeit. In den 80erjahren hatte Denim vor allem mit Erwartungen zu tun, und das ist genau jenes Revier, in dem die Werbeleute heimisch sind. Um die elitären und vergleichsweise teuren 501 (48 Dollar) im großen Stil auf den Markt zu drücken, entschied sich die Agentur Bartle Bogle Hegarty gegen ein nochmaliges Aufwärmen der 50erjahre-Heroen Elvis Presley, James Dean und Marlon Brando. Stattdessen blieb BBH auf der Linie der Qualitätstradition, die in den 'Rivets-' und 'Stitching-Werbespots' so erfolgreich gewesen war. "Die Integrität des Produktes verlangte, daß wir an die Tradition von 501 anschließen, aber diese Tradition mußte sich auch auf das Heute beziehen. Und im Heute ist Amerika in den Augen der Jungen schuldig, solange nicht das Gegenteil bewiesen wurde," bemerkte der Agentur-Chef, "und deshalb zielte unsere Strategie darauf ab, den Schein der Unschuld wiederherzustellen. Die Vergangenheit kann ganz akzeptabel sein, aber nur im klimatisierten Umfeld."

Und das geht so: Man nehme einen makellos geformten Männerkörper, der gerade sein Training hinter sich hat. Hitze, Schweiß, Zeit für eine Dusche. Aber dieser hier - und nun aufgepaßt! - macht's anders: Er zieht seine 501 an und knöpft sie langsam zu. In einem sauberen, gekachelten Bad - keine herumliegenden weiblichen Kosmetikartikel stören die Ordnung - legt er sich in die Wanne, und seine 501 hat er immer noch an. Er angelt sich ein Coke aus dem Eisschrank (natürlich keine Dose, sondern die Original-Glasflasche) und richtet sich auf ein längeres Einweichen ein. Entspannt lagert er die muskulösen Arme auf dem Wannenrand, und so wird er, zur Melodie von Sam Cookes *What A Wonderful World*, wahrscheinlich den ganzen lieben Tag lang ausharren und seine Jeans einlaufen lassen. Shrink-to-Fit-Levi's waren 1985/86 zwar einigermaßen anachronistisch, doch vorgewaschene Jeans waren ein Renner. Und damals, in der Schnellebigkeit der späten 80er, lautete die Botschaft: Entspannen! Seine Energie in Dinge stecken, die von persönlichem Wert sind. Sich Zeit nehmen, sich auf das Wahre und Echte konzentrieren.

Der Klassiker: Levi's 501 mit der roten Abschlußnaht - "the real thing" für alle Stil-Ritter

Die 'Waschsalon-' - oder um ganz präzis zu sein: 'Laundromat-Kampagne' - zog alle Register bis auf das eine, vielleicht, weil die Phantasie noch um eine Handbreit anregender sein kann als die nackte Realität. 'Was es heißt, ein 501-Träger zu sein' brachte durch die Person des Models, des unumstrittenen Feschaks Nick Kamen, der seine 501 höchstpersönlich im lokalen Waschsalon wäscht, die Säfte zum Steigen und die Kinnladen zum Hängen. Der springende Punkt ist, daß er seine Jeans auszieht, sich aus seinem schwarzen T-Shirt schält und schließlich nur noch in Boxer-Shorts vor dem Münzwaschautomaten steht, um die Sache zu erledigen. Die 16 Millionen Dollar teure europäische Kampagne stützte sich voll und ganz auf das Charisma und die knackige Jungmännlichkeit Nick Kamens - damit wollte man einerseits neue Käufer erreichen und andererseits die Loyalität der 501-Träger der ersten Stunden nicht aufs Spiel setzen. Während Kamen sich zu Marvin Gayes *I Heard It Through The Grapevine* produzierte und sechshundertfünfzigtausend Kids und ihre Freunde ebenfalls in 501 schlüpften, um ihrer Einzigartigkeit und Individualität Ausdruck zu verleihen und um zu zeigen, wie scharf sie Kamen finden, kam auch der Absatz der Konkurrenzmarken in Schwung - die Medienwirksamkeit der Kampagne von Levi's, als Jeans-Marke schlechthin, war so stark, daß sie als Nebeneffekt beispielsweise die Verkäufe von Lee Jeans um 40 Prozent steigerte, ohne daß Lee einen Groschen investieren mußte.

Mit der 'Badezimmer-' und 'Waschsalon-Kampagne' konnte Levi's die Designer-Jeans wieder auf die Ränge verweisen und den fundamentalen Glauben an Denim wiederherstellen. Der junge Konsument der späten 80erjahre verlangte von seiner Kleidung "authentische, statusfördernde Eigenschaften". Die Designer hatten sich zu sehr und mit dem Einsatz zu vieler Mittel bemüht, mit dem Ergebnis, daß die neue Generation der Denim-Konsumenten zynisch geworden waren und dachte, daß, wenn sie schon Designer-Preise zahlte, sie sich dann doch eigentlich auch gleich Designerkleidung kaufen könnte. Durch den

Versuch, zu modern zu sein, waren Jeans unmodern geworden - sie hatten ihre Essenz eingebüßt, und die Jungen wollten nun einmal 'the real thing.' Ganz ähnlich lief es übrigens auch bei Coca Cola, als man dort versuchte, ein neues, süßeres Designer Coke zu lancieren - der Konsument wollte 'the real thing' und bekam es auch, denn die Firma schaltete schnell und gab dem Getränkemarkt den Originalgeschmack des 'American Dream' zurück.

Der grandiose Erfolg der 501 brachte sogar die Werbeagentur aus dem Konzept, denn eine zeitlang konnte die Nachfrage nicht befriedigt werden - sie stieg von 80.000 Paar auf 650.000 Paar pro Jahr, was sich übrigens auch auf den Erfolg der bei den Werbespots verwendeten Musik niederschlug; erstmals seit 1960 kam die Sam Cooke-Platte wieder in die Charts, und Nick Kamen versetzte die Massen in anhaltende Ekstase. Die Levi's-Agentur BBH ging gezielt dazu über, die Connaisseure mit Werbeeinschaltungen in niveauvollen Magazinen bei der Stange zu halten, in denen die 501 mit klassischen Kultkleidungsstükken von Edel-Designern wie Paul Smith, Scott Crolla, Joseph Ettedgui, Azzedine Alaia und mit Statussymbolen wie Rolex-Uhren zusammengespannt wurden. Die Arrangements waren gekonnt dezent und überzeugend, so, als würden sie für einen Ausstellungskatalog des Metropolitan Museum of Art oder das Victoria and Albert Museum fotografiert. 501 waren in jedem Fall stilvoll, auch dann, wenn sie in einer Marktbude verkauft wurden.

Die 'Badezimmer-' und 'Waschsalon-Kampagnen' waren so überlegt strukturiert wie alle stark evokativen, kreativen Elaborate - wie Kunst. Die Reinheit des Gegenstandes wurde niemals preisgegeben, denn im großen und ganzen war die 501 seit 1873 gleichgeblieben. Das moderne Image war hauptsächlich in den 50ern verankert, was von BBH als "das klassische Eigentum der Jugendkultur" beschrieben wurde. Natürlich waren da Dean, Brando und Presley, aber die Agentur vermied bewußt stereotypische Assoziationen und alle Fifties-Reliquien wie Autos oder die Musik der Zeit, die ohnehin schon verwendet

Shrink-to-fit: Die Levi's 501 im berühmt gewordenen "Badezimmer-Werbespot"

S T O N E   W A S H

Vier Momentaufnahmen aus dem "Waschsalon-Werbespot":

Nick Kamens Hinterteil, zehn Millionen Pfund Sterling wert

Als Nicks Jeans fielen, schnellte auch der Absatz von Boxer-Shorts sprunghaft in die Höhe

Jetzt die Füllung

Was soll nun werden? Vor dem Spot kauften die Briten nur ein Paar Jeans pro Kopf

worden waren. Image und Look der Helden wurden subtil modernisiert, aber darunter lagen die Schichten, in denen immer noch der Goldschürfer vom Klondyke, der Cowboy, der Dreck und die Gewalt des Motorradfahrers in Jeans und schwarzem Leder, der Love and Peace-Hippie und der urbane schwule Macho-Darsteller umhergeisterten. Sowohl der 'Badezimmer-' als auch der 'Laundromat-Spot' hatten Begleittexte, die so tief und durchdringend waren wie die unausgesprochenen und dennoch spürbaren Spannungen in einem Tennessee Williams-Stück.

Die Werbespots waren ungemein exakt darauf hingetrimmt, positive Assoziationen zu betonen und negative zu eliminieren. Tim Lindsay von BBH soll 1986 gesagt haben: "Amerika ist immer ziemlich gefährlich. Da mehr als die Hälfte aller Jeans an Sechzehn- bis Vierundzwanzigjährige verkauft werden, war es unsere Aufgabe, Tradition zu verkaufen, ohne darin Ronald Reagan einzubeziehen. Die Lösung lautete, eine fast mythische Ära und einen Ort zu wählen, die jedem irgendwie bekannt vorkommen und die ihm keinesfalls so fremd sind, daß er überhaupt nichts darüber weiß." Gewissermaßen als Draufgabe wurden die Fifties Mitte der 80erjahre zufällig wirklich modern, und folglich blieben die anschließenden Werbespots mehr oder weniger in diesem 90-Sekunden-Grenzland der einschlägigen Mythologien hängen: Pferdeschwänze, Pepsi, Puppy Love und Presley. Die Aktivitäten von Levi's veranlaßten andere Jeansfirmen, ebenfalls mehr Geld in die Werbung zu pumpen, wenn auch nur deshalb, um von der Initialzündung der 501-Kult-Werbespots profitieren zu können.

Die Levi's-Spots waren in Großbritannien dermaßen erfolgreich, daß Lee Jeans die Waschsalon-Szenerie in einem Spot für das amerikanische Publikum abkupferte. Dem Typen im Salon stellt sich das Problem des einsamen Sockens in seiner Wäscheladung. Vor dem Hintergrund von Straßenlärm beginnt eine ältere, mütterliche Frau, in leicht absurder Manier über diesen 'seltsamen Socken' zu philosophieren. Sie orakelt gute Ratschläge be-

VORKRIEGS-QUALITÄT

Latzhosen aus der "American Classics"-Kollektion - das essentielle Hemd und die Jeans von Levi Strauss

züglich häuslicher Mysterien: er solle nicht versuchen, "Dunkles und Helles zusammen zu waschen". Er steckt in einer 'Huis Clos'-Umgebung mit dieser Frau, doch da ist auch ein junges Mädchen, dessen jeansumspanntes Hinterteil ihn nicht kalt läßt. Nach dem Insert 'Getrennte Wäsche' fragt ihn das Mädchen schüchtern, ob er sich vielleicht Waschpulver ausleihen möchte. Die Atmosphäre des Waschsalons wird von einem Szenario aus Jalousien, Plastiksesseln und massiven Industrieschleudermaschinen geprägt. Er wird vor die Wahl gestellt zwischen der Mutterfigur und der süßen Jungfrau, beide bieten etwas - Weisheit und Erfahrung die eine, verlockende Erotik die andere. Keine Frage, wer gewinnt. Während sich der britische Levi's Werbespot mehr auf den kühnen Narzißmus des Mannes in einer im großen und ganzen weiblichen Umgebung konzentriert hat, löst der amerikanische Lee-Spot die Urängste seines Helden auf traditionellere Weise auf: sie sollen mit dem dienstbaren Know-how einer kleinen Hausfrauen-Aspirantin in Jeans verknüpft werden, die die Reinheit seiner Wäsche für alle Zukunft garantiert, den abhanden gekommenen Socken findet und ihm zu alldem noch ganz andere Freuden in Aussicht stellt.

Die Tatsache, daß die Verkaufszahlen von Designer-Jeans in den Himmel schossen, veranlaßte weitere Designer dazu, als Werbestrategie Status mit Marke zu verknüpfen. 1979 erreichte der Umsatz mit Designer-Jeans schon die Eine-Milliarde-Dollar-Marke, was einem knappen Zehntel des gesamten Jeans-Marktes entsprach, wobei die Designer-Jeans allerdings rund dreimal so teuer waren als gewöhnliche. Etwa 10 Prozent des Jahresumsatzes mit Designer-Jeans flossen in die Werbung, verglichen mit nur zwei Prozent bei herkömmlichen Jeans. Jordache Jeans zum Beispiel schafften es innerhalb eines Jahres von Null auf Hundert, indem sie 1979 ein Zehntel des 20 Millionen Dollar-Umsatzes ausschließlich in Markenbewerbung steckten. Planziel war, den Umsatz bis Ende 1979 um 50 Prozent zu erhöhen.

Die Firma wurde 1978 von drei Brüdern aus Israel, Joseph, Ralph und Avi gegründet. Der Name Jordache war ein Akronym der drei Vornamen plus der französisch klingenden Nachsilbe "che" für den guten Ton (sie ließen in Hongkong herstellen). Ein Großteil des Budgets wurde für die Fernsehwerbung in den USA verwendet, vor allem in der stilverliebten Metropole New York. Die Kids von Jordache waren steile, aber saubere Typen - High School-Boys, die mit ihren Müttern abgemacht hatten, sich die Hosen selbst zu bügeln und brav zu sein. Natürlich waren sie keine Unschuldsengel, aber sie hatten mehr Spaß daran, in die Football-Mannschaft ihrer Schule aufgenommen zu werden als etwa Autoscheiben einzuschlagen. Dennoch gab da eine Nuance, die nicht recht ins Bild der Bürgerlichkeit paßte, einen anfangs noch undeutlichen subversiven Unterton. War es von vornherein geplant, daß diese Teens Ende der 80er zu Enfants terribles werden sollten, zu Großmäulern, die sich schließlich gegen ihre Mütter und deren Ansichten stellten? Zwei Jahre lang durchkämmten die Werbeleute von Jordache südkalifornische Shopping-Zentren und Schulen, und was sie suchten, waren die renitentesten Rotzlöffel - Teenager-Visagen, die lauthals nach einer Ohrfeige schrien. Zwei Jahre!? Es hätte nicht länger als zwei Minuten dauern sollen. In einem Jordache Werbespot von 1989 waren die Kids zu wahren Monstern mutiert und benahmen sich so schockant, daß die Amerikaner aus ihren Reebok-Schuhen kippten. Der Slogan lautete: "Ich hasse meine Mutt-errrr". Und Mutter sieht gerade fern, zusammen mit ihrer Tochter, einer abgebrühten blonden Göre, und deren Freunden. "Ich hasse diesen Spot", sagt Mutter und dreht das Fernsehgerät ab; "das ist widerlich. Bei mir zuhause siehst du dir solchen Müll nicht an." Die Autorität bezieht ein letztes und vergebliches Mal Stellung gegen den jugendlichen Drang, sämtliche Fesseln zu sprengen. "Mir gefällt der Spot", sagt die Tochter und dreht die Glotze mit den Worten: "Ich hasse meine Mutter" wieder auf. Die Mutter ist eine beknackte taube Nuß mit Gütesiegel und sieht noch dazu aus wie eine angejahrte Nutte. Die Kids dagegen sind so cool

Rocker in der Fifties-Nostalgie - voller Tank und leere Birne

und markig wie der Werbespot. Das sind die 80erjahre in Reinkultur, sowohl im Hinblick auf das Image als auch auf die Populärpsychologie: immerhin sollen ja auch schon Elektra und Salome ziemliche Vorbehalte gegen ihre Mütter gehabt haben.

"Jordache versucht alles auf einmal und muß daher scheitern", meinte Barbara Lippert in *Adweek* vom 7. März 1989. "Im miesesten Spot sitzen diese Horror-Früchtchen - darunter ein Vorstadt-Attila mit langem Haar und hohen Backenknochen - beim Essen und diskutieren über den Hunger in der Welt. Die Handlung scheint sich über mindestens vier Jahrzehnte zu erstrecken. Was die Kids futtern, ist 50erjahre (Schokoladekuchen und Shakes), was sie reden, rührt an die Themen der 60er (verhungernde Menschen), und dazu wird ein 70erjahre-Film - *Diner* - imitiert. Der aufgeblasene 30-Sekunden-Appell an die Humanität, um Blue Jeans zu verkaufen, ist jedoch ein Credo der 80er. Jordache kann nicht einerseits mit Anti-Mütter-Parolen Geld machen und andererseits den Friedensnobelpreis erwarten. Aber die Konsequenz, mit der ein ekelhafter Spot nach dem anderen lanciert wird, wäre eines Preises für Penetranz würdig." Vermutlich war Jordache schon mit den Umsätzen zufrieden, die durch die Identifikationsbereitschaft der Käufer mit jugendlicher Konfusion und Hybris zustandekamen. Üblicherweise lag das Hauptaugenmerk strikt auf der Altersgruppe der Sechzehn- bis Vierundzwanzigjährigen. Es war weder nötig noch wünschenswert, die Endzwanziger und die Dreißigjährigen anzupeilen, denn was immer die Kids trugen, wurde vom Rest - inspiriert von den Erinnerungen an die eigenen Teen- und Twenjahre - aus Eitelkeit und Nostalgie gekauft. Sie fühlen sich immer noch wohl in der 501 oder in Wranglers, Calvin Kleins oder Jordache, und immer noch wie süße sechzehn auszusehen ist schließlich in erster Linie eine Frage der Verpackungstechnik.

Brooke Shields war pubertäre fünfzehn, als sie als Star für die Fernseh- und Print-Kampagnen für Calvin Klein Blue Jeans angeheuert wurde. In ihrer Karriere als Filmsternchen hatte sie bereits als Neunjährige in *Communion* gespielt, worin sie von einem religiösen

Brooke Shields in ihren Calvin's vor Richard Avedons Kamera - aus der Sicht
der (calvinistischen?) amerikanischen Tugendwächter war das ein Kinderporno

Idole in Denim:

James Dean im elegischen "Poor Boy-Look"

Mick Jagger: trotzige Lippen, steile Hüften

John Lennon, ganz und gar nüchtern

Bruce Springsteen entfesselt Rock

David Bowie im enggegürteten Denim-Mantel

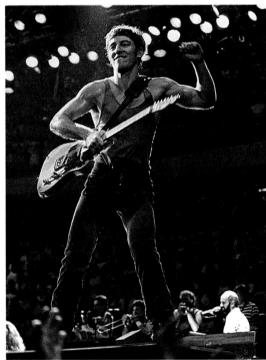

Designer-Denim: Der bestickte Jeansrock für den Blues nach dem letzten Tango

Fanatiker erdolcht wurde, als Elfjährige war sie in *Pretty Baby* in der Rolle einer jugendlichen Prostituierten aufgetreten und vier Jahre später in *Blue Lagoon* auf einer Südseeinsel gestrandet, wo sie dem gleichfalls juvenilen Christopher Atkins beibrachte, wie man sich auch ohne Zuhilfenahme eines Doktorbuchs paaren kann.

Der Klein-Spot beunruhigte das mittelständische Amerika. "Es ist Kinderpornographie, Kinder erotisch darzustellen, um ein Produkt zu verkaufen", protestierte Mrs. Julie Green von der Vereinigung 'Frauen gegen Gewalt und Pornographie in den Medien', "diese Sache ebnet nur den Weg für Kinderpornographie." Bis dahin hatte Brooke Shields ausschließlich für so blitzsaubere Produkte wie Ivory-Seife, Colgate-Zahncreme und Breck-Haarshampoo geworben und damit keine Probleme geschaffen - saubere Kids, sauberes Amerika, weg mit dem Dreck. Falls Brooke Shields je in die Träume der amerikanischen Teenager eindrang, dann war sie das Girl mit dem saubersten Gesicht, den saubersten Zähnen und dem saubersten Haar. Ihre vielgepriesene Jungfräulichkeit, die enge Beziehung zu ihrer schützenden Mutter Teri, ihre tugendhafte Weigerung, sich je nackt filmen zu lassen (die Szenen in *Blue Lagoon* waren gedoubelt) und der Schein ihrer adoleszenten Unschuld verführten ein Kinopublikum, das wenig Schwierigkeiten hatte, die fiktive Leinwandnymphe von dem urwüchsigen, selbstbewußten Mädchen zu unterscheiden, als das sie in höchster Perfektion von den Medien dargestellt wurde.

Auch Calvin Klein war ein Medien-Superstar, wenn auch auf komplexere und weniger konventionelle Art: seine Freunde waren Bianca Jagger, David Bowie, Andy Warhol und dessen Jünger. Er hatte sich durch Beharrlichkeit ins Moderampenlicht geschoben, in dem er seinen charakteristischen euroamerikanischen Stil mit den Attributen weich, lässig, sportlich und sexy präsentierte. Sein Stil war subtil, klassisch, einfach; ihm gefielen "Kleider, die in der Bewegung fließen". Er gewann regelmäßig prestigeträchtige Preise der Modeindustrie und wurde bald als *der* Wunderknabe der amerikanischen Mode und als

Fixstern der Medienprominenz gefeiert. 1980 lancierte er seine erste Designer-Blue-Jeans-Kollektion und kreuzte das Renommee seines eigenen Namens mit der unschuldigen Sinnlichkeit seines Modells Brooke Shields. Sowohl Klein als auch Shields waren für die Amerikaner faszinierend - er wegen der scheinbar klassischen Keuschheit seiner Mode, sie wegen der subtilen Unschuld ihrer Sexualität. Insofern waren die beiden füreinander geschaffen - eine Hochzeit im Himmel irgendwo zwischen Hollywood und der Fifth Avenue. Niemand kann den Amerikanern ein Manko an Subtilität vorwerfen: sie haben mehr Erfahrung als alle anderen, wenn es darum geht, zwei entgegengesetzte Konzepte zu einem perfekten Gespann zu vereinen. Das ist nicht so einfach, wie es klingt, denn es kann in schwere Schizophrenie ausarten, wenn die gegenläufigen Konzeptionen nicht als Einheit interpretiert und präsentiert werden, und zwar von Medienexperten, die sie wie ein Club-Sandwich schichten.

Im vorliegenden Fall war Denim das verbindende Objekt zwischen der hübschen, wohlerzogenen, kindfraulichen Sinnlichkeit von Brooke Shields und dem prominenten Status der Klein-Produkte, die, obzwar seriös und unauffällig, in der öffentlichen Meinung denn doch mit der speziellen Karriere ihres Schöpfers und mit dessen gesellschaftlichem Umgang in New York in Verbindung gebracht wurden. Was das mittelständische Amerika so beunruhigte, war die Vorstellung, daß Brooke Shields - die 'Jungfrau Amerikas' - Kleins hektischen Life-Style angenommen haben könnte, daß sie drauf und dran war, in Warhols 'Factory' und die Galerie des Grotesken eingeführt zu werden, daß sie womöglich bald im 'Studio 54' mit Steve Rubell und den schweren Jungs Koks schnupfen würde - daß also dieses professionelle Kind auf alarmierende Weise verdorben und an eine sündige Welt fernab von der Blauen Lagune ausgeliefert werden könnte.

Aus heutiger Sicht wirken diese Fernseh-Werbespots und Print-Kampagnen völlig keimfrei. Brooke Shields schwang ihre langen, ranken Beine und zeigte ihren Nabel. Die Bilder

Calvin Klein - gute Jeans für gute Kumpels, von Bruce Weber fotografiert

wurden von Richard Avedon, dem weltberühmten Modefotografen, gemacht, und der ließ das Kameraauge gekonnt und liebevoll über Shields' sportive Jeansbeine gleiten. Der Hammer war wohl eher die Botschaft, die aus Brookes süßem Mund sickerte: "Ich habe sieben Calvins in meinem Schrank, und wenn sie reden könnten, wäre ich ruiniert." Den Hütern des öffentlichen Anstands war sogleich klar, was gemeint war - dieser Rabenbraten hielt sieben Männer im Schrank verstaut, von denen einer nach dem anderen herauskommen, sich die Jeans vom Leib reißen und das Ding im Nullkommanix deflorieren könnte. Aber die Zuckermaus hatte noch ganz andere Geständnisse auf Lager: "Zwischen mir und meinen Calvins ist absolut nichts." Himmel, das Mädchen trug kein Höschen! Der rauhe Kuß von Denim auf ihrer nackten Haut, auf ihren rosigzarten Hinterbacken!

Die Kampagne brachte Brooke Shields einen Honorar ein, das irgendwo zwischen vierhunderttausend und einer Million Dollar lag - die genaue Summe schwankte von Story zu Story in den aufgegeilten Medien. Calvin Kleins Ausbeute aus dem Erfolg der Kampagne war ein Umsatzzuwachs von hundertfünfzig Millionen Dollar - jedenfalls berichtete im September 1989 die Londoner *Sunday Times*, daß die Jeans-Verkäufe der Firma Calvin Klein innerhalb eines Jahres von 25 auf 180 Millionen Dollar geklettert seien. Das machte wohl den Ärger wett, der Klein von den 'Frauen gegen Gewalt und Pornographie in den Medien' bereitet worden war. Andererseits könnten diese Attacken insofern eine Wirkung auf den Hauptschuldigen ausgeübt haben, als Calvin Klein Mitte der 80erjahre zur allgemeinen Überraschung von seinen früheren Lebensgewohnheiten abrückte, heiratete und sich selbst als Verfechter der Familie und entschiedener Gegner aller Laster präsentierte. Kleins spätere Werbekampagnen haben allerdings unter diesem Wendemanöver nicht gelitten, wovon die schönen, feingliedrigen und pudelnackten Models zeugen, die er für seine Parfums, etwa für 'Obsession', posieren ließ; verglichen damit war die Freizügigkeit von Brooke Shields wirklich ein Klacks.

Viel Mode, viel Geld: Calvin Kleins "Klasse und Status-Kampagne",
von Bruce Weber ins rechte Bild gerückt

Ein urbaner Easy Rider in entschieden autoritärem Denim

Die Brooke Shields-Kampagne für Calvin Klein Blue Jeans war geistreich und voller erotischer Anspielungen; mit dem Begriff 'sexy' hat man aber dennoch in erster Linie Denim und erst in zweiter Brooke Shields besetzt. Jeans waren im wörtlichen Sinn 'blue'. Die Entscheidung für Avedon war ebensowenig ein Zufall wie die für Shields - seine Modefotografie war ein Synonym für hochstilisierte Perfektion, und sie war mit wissender Sympathie für weibliche Schönheit und Sexualität gespickt. Avedon war kein böser Bube wie etwa Helmut Newton, sondern ein weiser Abbildner der Hohen Mode und der Stars. Er wußte genau, was er tat, wenn er seine Linse auf Shields' Oberschenkel verweilen, über ihr Gesäß wandern und ihren Schritt streicheln ließ, und er war stets ein Meister der Minne und nie der schnellen Anmache. Er hatte auch nicht ernsthaft die Absicht, die magische Illusion der Massen zu zerstören, daß Brooke Shields sich ihre Jungfräulichkeit erhalten hätte; vielmehr wollte er zeigen, daß sie sich in ihren Klein Jeans genauso wohl fühlte wie in ihrem schönen Körper, über dessen Wirkung auf Männer sie sich im klaren war. Als Ikone der sauberen amerikanischen Weiblichkeit hatte Brooke Shields mehr Macht, als man vielleicht - und speziell in Europa - meinen mochte. Daß diese Kampagne dort ähnlichen Erfolg gehabt hätte, ist schwer vorstellbar, denn die Europäer sind nicht in diesem Maß von der Vorstellung besessen, daß junge Frauen bis in ihre späten Teenager- oder sogar Twen-Jahre kindlich bleiben sollten.

Wenn die Levi's 501 zum Klassiker und zum Mode-Statement von zeitloser Gültigkeit geworden sind, wenn die Denim-Welle Tradition und die Rückkehr zu ursprünglichen Werten betont, dann wird 'the real thing' durch Details definiert, die nur für einen auserwählten Zirkel von Authentizitätsfanatikern erkennbar sind. Umgekehrt erkennt man diese Insider daran, daß sie sich beim Durchforsten der Kleiderstangen eines Denim-Ladens ungefähr so kritisch geben wie die Herzoginnen bei Dior. Ein wichtiges Stilelement von Levi's 501 war die rote Innennaht an den Hosenbeinen - bis 1985, dann sperrte die Fabrik

Guess What? Rat mal, welche Jeans!

zu, die diesen essentiellen Faden geliefert hatte. Moderne 501 haben keine rote Abschluß-naht, engere Hosenbeine, kleinere Rückentaschen und kein großes E auf dem roten Schild-chen - aus LEvi's wurden Levi's. Richtige - und jetzt wirds fast prähistorisch - 501 haben zusätzliche Nieten an den Ecken der Rückentaschen. Die Chance, daß man 'the real thing' - die Kesselflicker-501 - noch in Secondhand-Läden findet, gleicht der Suche nach der Stecknadel im Heuhaufen. Für mit gelbem Faden genähte Levi's Jacken (die heutigen wer-den mit orangefarbigem Faden genäht) werden inzwischen Preise gezalt, an denen man auch bei Sotheby's wahre Freude hätte. Gut erhaltene Levi's-Jacken aus den 50ern - die fünf Zentimeter kürzer sind als die heutigen und kleinere Brusttaschen haben - können bis zu 500 Dollar kosten. Die 'Stormrider'-Jacke von Lee mit Cord-Kragen und Wolldecken-Futter ist kürzer, weiter und runder an den Schultern als die Levi's-Jacke und wird unter Kennern zum Preis von 150 Dollar gehandelt.

Bereits getragener Denim wird von manchen so empfunden, als benützten sie eines an-deren Zahnbürste, aber in dieser Frage gibt es Unterschiede zwischen den Stil-Rittern und den Mode-Surfern, obwohl beide großen Wert auf Status legen. Modefixiert ist man in beiden Lagern, aber der Stil-Ritter ist ein Purist, der sich flugs in geheime Gefilde zurück-zieht, sobald sein Territorium besetzt wird. In seinem Hyper-Raffinement des Stils wird er in der Befolgung des Zeremoniells zum Samurai. Hingegen springt der Mode-Surfer ein-fach auf die nächste Welle, wenn sich die Massen in sein Revier drängen. Das Schlimme bei Denim ist nur, daß es keine Alternative gibt. Wie die schwarze Lederjacke, wie Khaki, der Chesterfield-Mantel, der dreiteilige Anzug oder das Kleine Schwarze, wie der marine-blaue Blazer, der Smoking oder das Shirtwaister-Kleid gelten Blue Jeans und Jeansjacken als Klassiker. Kein Weg führt daran vorbei - es gibt sie. Sie hängen im Kleiderschrank, und man kann rein gar nichts dagegen tun. Wie alles Klassische kann man sie bestenfalls so adaptieren, daß sie zum Mythos des eigenen, inneren Psychodramas passen.

Guess Who? Rat mal, wer sie trägt! Body, T-Shirt und Jeans - alles klassisch

Guess Jeans griff das 1987 auf und machte einen Jeans-Werbespot, ohne das Produkt zu zeigen. Guess wurde 1981 in Kalifornien von den Brüdern Armand, Georges, Maurice und Paul Marciano gegründet. Sie hatten Frankreich im Unmut über die neue sozialistische Regierung verlassen und brachten ihr Fachwissen über Denim, Stonewash, Double Stonewash, Bleichung und Doppelbleichung nach L.A., wo sie sich vornahmen, in dem von Calvin Klein dominierten amerikanischen Designer-Jeansmarkt kräftig mitzumischen. Sie setzten die Preise für ihre Jeans absichtlich hoch an - zwischen 75 und 100 Dollar - und sahen voll dankbarer Rührung zu, wie sich die Guess-Regale der Geschäfte blitzartig leerten. 1985 engagierten die Marcianos einen britischen Regisseur, Roger Lunn, der eine 320.000 Dollar teure Mythologie schuf, die unter dem Titel *Misfits* in der Wüste von Arizona gedreht wurde und von Fifties, Texas, Cowboys und sexy Girls lebte. Die nostalgische Erinnerung an Clark Gable, Montgomery Clift, die Monroe und den Westen konnte nicht weh tun. Mit der Begleitmusik von vier Millionen Dollar wurde der Spot amerikaweit zur Hauptsendezeit des Fernsehens ausgestrahlt, was Guess schlagartig zu hoher Bekanntheit verhalf. Die körnige Schwarz-Weiß-Optik der Spots kam bei Teens und Twens bestens an und verhalf Guess zu einem so guten Image, daß Roger Lunn zusammen mit seiner Partnerin Laura Gregory von 'Challenge Video' auch für die 87er-Kampagne engagiert wurde.

Lunn war für das Guess-Image, wie Paul Marciano es sich intuitiv vorstellte, goldrichtig: "Etwas anderes, etwas Dramatisches, ein emotioneller, intensiver Moment"..."wie italienischer Film, Fellini-Atmosphäre, *La Dolce Vita*, St. Tropez 1950, Brigitte Bardot"; dieser Touch war auch in den Schwarz-Weiß-Print-Kampagnen zu spüren, die vom *Vogue*-Photographen Wayne Maser realisiert wurden. Wie jede wirksame Werbung trat auch die für Guess in ein oder zwei Fettnäpfchen der öffentlichen Moral - diesmal erregten sich die religiösen Eiferer und die feministischen Hardlinerinnen Aber ihre Behauptung, daß amerikanische Teenager durch die Guess-Spots erotisch provoziert würden, wurden nur mit einem Achselzucken beantwortet; Marciano war uneingeschränkt bereit, "Risiken einzugehen". Die Werbung handelte "von Sinnlichkeit und Beziehungen zwischen Mädchen und Männern", und wenn dabei ein bißchen Stoff zerriß, die Frisur zerstört wurde oder mehr Unterwäsche oder Busen zum Vorschein kam als die bürgerliche Moral ertragen konnte, dann war das eben deren Problem. Mit einem jährlichen Werbebudget von 20 Millionen Dollar ließ sich einiges verkraften, und außerdem hatte Guess ohnehin nicht die Hinterwäldler im Visier, die K-Mart und Calvin Klein nicht auseinanderhalten konnten. Die jährlichen Umsätze von Guess lagen bei zweihundertfünfzig Millionen Dollar und wurden in prestigeträchtigen Geschäften getätigt, die dem exklusiven Image entsprachen - in England konnte man sie 1987 nur bei Harrods bekommen. 95 Prozent des Gesamtvolumens wurden in den USA verkauft. In Europa versuchte sich Guess als Lieferant jener fünf Prozent der Käufer zu profilieren, die für ein Paar Jeans 96 Dollar auf den Ladentisch legten und denen man nicht erklären mußte, wo das Produkt erhältlich war - die Kids, die immer noch die nette Tante brauchten, um zum nächsten Kaufhaus zu finden, waren solcher Jeans nicht würdig.

Der nächste Coup von Marciano und Lunn war ein 560.000 Dollar teurer Werbespot, der die Konsumenten unterschwellig und ausschließlich durch das Image zum Produkt führte. *Paparazzi* wurde ins London des Jahres 1967 versetzt - also in ein verbotenes Stil-Terrain für die Teenager der 80erjahre, wie es einst die Fifties für ihre Eltern gewesen waren. Fünfzehn Jahre sind selbst bei Denim ein gewaltiger Phantasie- und Stilsprung, und das neue Image wurde genauso in einem Film-Mythos verankert wie *Misfits*. 90 Sekunden lang werden der Schauspieler George Irving und die sechzehnjährige Mandy Smith (Marke 'Rolling-Stones-Braut') von dem Augenblick an, in dem sie aus einem Flugzeug steigen und in die Londoner City fahren, von Pressefotografen belagert und umschwirrt. Die Rolle

Guess Stars: George Irving und Mandy Smith in den Klauen der Paparazzi *(The Misfits)*

Mandy Smith: Apfeltörtchen in der Denim-Jacke?

von Irving bleibt unklar, auch für Lunn: "Er könnte ein Waffenhändler, ein Musiker oder ein PR-Agent sein". Mandy Smiths honigblonde Mähne ist nach Marciano-Manier in kunstvolle Unordnung gebracht und fließt ungehindert über die Wangenknochen. Dazu strahlend weiße Zähne hinter dem Blaßrosa der Lippen, die sich runden, als sollten sie gerade eine Kaugummiblase formen. Mandy trägt einen Minirock, der von den Sixties direkt in die Eighties übernommen wurde, und ist, laut Paul Marciano, "die Verkörperung des Guess-Image", und das heißt: "sinnlich, attraktiv, provozierend und jung".

Bei so viel kämpferischem Mut erscheint nur als gerecht, daß der Denim - vormals "Serge de Nimes" - mit den Marcianos wieder in die Hände von Franzosen gelangt ist. Blue Jeans, die länger als ein Jahrhundert so amerikanisch waren wie Apple Pie, wurden mit einemmal zu einer so französischen Spezialität wie die Tarte Tatin. Who'd have GUESSed it?

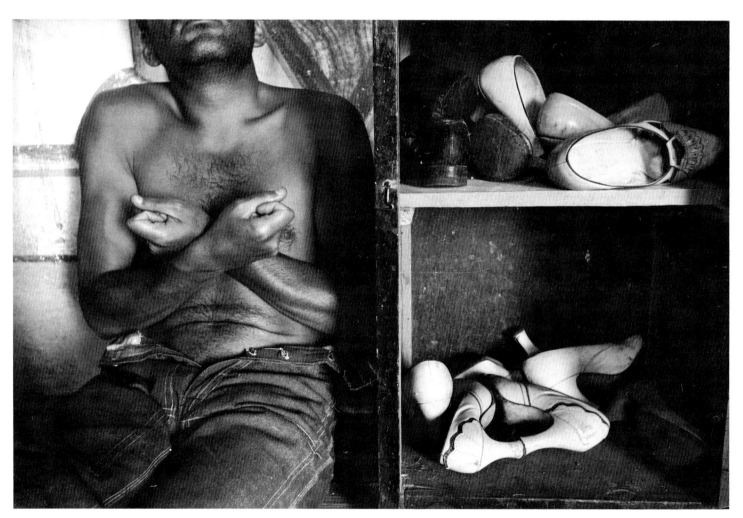

Wie Cartier-Bresson Denim sieht

WIE DIE BEDRÜCKTE MÄNNLICHKEIT ZU JEANS STEHT UND WIE UMBERTO ECO ZUM EPIDERMISCHEN SELBSTBEWUSSTSEIN GEFUNDEN HAT

"Ein Kleidungsstück, das die Hoden quetscht, verändert einen Mann." - Umberto Eco, der italienische Semiotik-Gelehrte und Bestseller-Autor, sah sich einst durch die Tuchfühlung seines Unterleibs mit Blue Jeans dazu veranlaßt, anders, und zwar "mehr nach außen hin", zu leben: sie gaben ihm ein verstärktes Gefühl für den eigenen Körper - das er als "epidermisches Selbst-Bewußtsein" bezeichnet - und hemmten gleichzeitig den stetigen Kontakt mit seinem üppigen Innenleben als Philosoph. "Ich lebte in dem Wissen, daß ich Jeans trug, während wir normalerweise vergessen, daß wir überhaupt Unterhosen oder Hosen tragen. Ich lebte für meine Jeans, und daher nahm ich das Verhalten eines Jeansträgers an; meine Haltung hat sich jedenfalls verändert." Er entdeckte, daß Frauen mit der für ihn neuen Erfahrung bereits vertraut waren: "Ihre gesamte Kleidung ist auf die Außenwelt ausgerichtet - hohe Absätze, Mieder, Strumpfhosen, enge Pullover." Es ist schwierig für Frauen, ein Leben des Geistes zu führen, wenn sie ständig mit ihrem Äußeren beschäftigt sind. Ecos Schlußfolgerung: "Denken und enge Kleidung sind Feinde."

Weitere Reflexionen führten ihn zu der nicht unbedingt neuen Einsicht, daß beengende Männerkleidung besser zum Mann der Tat paßt als zum Denker, der im allgemeinen losere, fließendere Kleidung bevorzugt, die ihn - wie die Kutte den Mönch - vor zuviel Fühlungnahme mit der Welt und vor der Irritation des Fleisches bewahrt. Anders der Mann der Tat: er braucht etwas, das ihn ständig daran erinnert, daß Druck vorhanden ist und daß er mit seinen Sinnen in Kontakt bleiben sollte, um die Erwartungen, die seine weltliche Stellung mit sich bringt, nicht zu enttäuschen. Ecos Gedanken hakten beim viktorianischen Bürger ein, der "wegen seiner steifen Kragen selbst steif und förmlich war - der Gentleman des 19. Jahrhunderts war eingeschränkt von engen Hosen, Stiefeln und Zylindern, die keine plötzliche Kopfbewegung zuließen." Seine engen Jeans gestatteten dem Professore keine plötzlichen, unbedachten Bein- oder Hüftbewegungen und diktierten mehr oder weniger seine Körperhaltung - er lümmelte nicht mehr, ließ sich nicht mehr einfach in die Möbel, das Zimmer, die gesamte Welt plumpsen. Die Blue Jeans machten den quirligen Eco "steifer und reifer".

Oberflächlich betrachtet stehen Ecos Erkenntnisse in einem Widerspruch zur landläufigen Assoziation von Jeans mit strapazierbarer Freizeitklcidung. Doch wir haben es hier mit einem Paradoxon zu tun: Jeans werden in der Freizeit genauso wie bei der Arbeit getragen, und sie müssen zwei unterschiedliche und entgegengesetzte Zwecke erfüllen. Ursprünglich wurden Jeans mit schwerer manueller Arbeit in Verbindung gebracht, ein Jahrhundert später hat man sie mit einer Aura der Nostalgie (von Klondyke bis zur 'Great Depression') umflort und sie als Vehikel der Erinnerung an die großen Zeiten der tugendhaften und charakterfestigenden Arbeitsethik benützt. Denim war fest, dick, steif, eng und unprovokant in Design, Farbe und Aufmachung. Für den Psychologen J. C. Flugel ist Kleidung aus solchem Material "ein Symbol der inneren Widerstandskraft" - also ein Symbol für die Entschlossenheit und Zähigkeit ihres Trägers.

Er bleibt auch in der Hitze kühl: Denim für Aussteiger

IM STIL
DER COWBOYS

Kalifornisches Denim: Beim Prüfen des Sattels
und beim Rodeo

Oklahoma Denim: Erich Hartmanns Variation
eines Norman Rockwell-Themas *(linke Seite)*

Denim bedeckte den Unter- und manchmal den Oberkörper, und die Stärke des Materials schützte seine Träger vor körperlicher Verletzung. Die Steifheit von starkem Denim unterstützte jene 'aufrechte Haltung', die an Standhaftigkeit, Zielstrebigkeit und Moral denken läßt. Die Enge von Kleidungsstücken aus Denim, der physische Druck des dicken, steifen Stoffes auf die Haut impliziert starke Beherrschung (wie die Einschnürung in ein Korsett), ganz im Gegensatz zur 'Lockerheit', die man mit Frivolität und weiter gefaßten Moralvorstellungen verbindet. Und die einfachen Schnittmuster von Jeans und Jeansjacken zeugten von einer ernsthaften Einstellung zur Arbeit. Der gute Professor Eco hatte wenig Spaß mit seinen neuen Blue Jeans - für ihn waren sie eher eine Behinderung als eine Befreiung; aber heutzutage hat Denim eben viel von seiner traditionellen Symbolik verloren.

Der Stoff wiegt weniger, und seine anfängliche Steifheit gibt sich nach mehrmaligem Waschen. Doch immer noch symbolisiert er aggressive Männlichkeit, immer noch wird er mit Cowboys und Goldwäschern, den Männern der Tat, in Verbindung gebracht; verstärkt wird diese Vorstellung vielleicht noch durch das Image des Motorradrockers und des pubertären Rebellen, der eher jemanden in den Arsch tritt, als in gepflegter Konversation über die Weltlage und den eigenen Platz im Universum nachzusinnen. Und natürlich hat Denim viel mit phallischem Symbolismus zu tun. Den harten Kragen, den schweren Mantel, das gestärkte weiße Hemd, die glanzpolierten schwarzen Schuhe - also die Uniform des honorigen Geschäftsmanns oder des Trägers eines öffentlichen Amtes - all das kennt man als Ausdruck der Ernsthaftigkeit, Korrektheit, der Macht und des Geldes. Und doch sind es Kleidungsstücke, die zugleich mit der Macht des Steifen assoziiert werden können. Sie sind männlich und patriarchalisch und symbolisieren gleich einer Rüstung abwehrende und aggressive Funktionen, beschützende und vereinnahmende Impulse.

Nicht anders ist es beim Denim, doch der ist am unteren Ende der sozialen Stufenleiter angesiedelt. Denim wird vom Mann der Tat getragen und liegt im allgemeinen enger an

Ein Rodeo-Reiter anno 1987 - auch nach 60 Jahren hat sich der Stil kaum verändert

"Sonnenbrillen-Ron" - Mr. Cool kriegt's in die falsche Kehle

Hüften und Beinen als normale Baumwoll- oder Wollhosen. Der phallische Symbolismus von Denim wird durch die 'Shrink-to-fit'-Prozedur noch gesteigert, und ganz gewiefte Machos - phallische Exhibitionisten - bearbeiten den Schritt noch zusätzlich mit einem Stein oder einer Drahtbürste, um starke Beanspruchung im Genitalbereich zu suggerieren: nur steter Druck von einem großen, harten, ständig präsenten Körperteil kann derart widerstandsfähiges Material so stark mitnehmen. Umberto Ecos Jeans waren zu eng: der Denker, der introvertierte Intellektuelle bevorzugt losere, weitere Jeans, während die Vorliebe für enge Jeans eher auf gedankenloses, intolerantes Volk hindeutet. Enge Jeans lassen an lauernde Aggression und ständige Abwehrbereitschaft denken, nicht zuletzt wegen der eingeschränkten Bewegungsfreiheit ihrer Träger. Dagegen signalisieren weiter geschnittene Jeans 'Laissez-faire' und eine befreite, komplexere Lebens- und Moralphilosophie.

Ein Kleidungsstück, das die Hoden quetscht, verändert einen Mann: indem es die Sinnlichkeit über den Intellekt stellt. Bei einem Macker in engen Jeans spielt sich alles im Schwanz ab - dort ist der Druck, und nicht im Kopf. Beengtheit an Gesäß und Hoden kann ein erotisches Vergnügen sein, eine Art permanenter Masturbation, die keiner helfenden Hand bedarf. Der Pomadenfritze, der Aufreißer und der Rocker sind durch enge Jeans erotisch aufgeladen. In Denim und Leder werden sie ganz Phallus, nicht mehr und nicht weniger. Wenn die Gedanken weggeblasen und wer weiß wo sind, ist alles, was man braucht, eine Entladung, damit sich der Druck möglichst schnell wieder aufbauen kann. Je enger sich die Kleidung um den Körper spannt, desto stärker werden wir uns des Körpers bewußt; wir erotisieren Haut und Muskeln dadurch, daß wir sie dauernd am einengenden Stoff reiben und mit ihm in Fühlung bleiben. Wie Gummi und Leder kann auch Denim zum Fetisch werden.

Schwarze Jeans - ominöse Farbe, unterdrückte Gefühle - sind eindeutig. Schwarze Jeans sind grundsätzlich subversiv und lassen den wildesten Phantasien freien Lauf. Aggressive

Männlichkeit, brutale Eleganz, Gefährlichkeit - ein sofort identifizierbares Warnsignal. Schwarze Jeans lassen an düstere Straßen und hartes Scheinwerferlicht denken, an unheimliche Schatten und an gewalttätige Zeremonien. Daran gemessen nehmen sich Blue Jeans-Träger wie harmlose Pfadfinder aus. Der wilde Marlon Brando auf seiner Maschin' ist der Archetyp des Außenseiter-Helden, der alles Banale und Bürgerliche transzendiert. Brando ist Byrons sinistres Pendant - verrückt, böse, eine gefährliche Bekanntschaft. Er ist Luzifer in Ketten, gebändigt von Leder und schwarzem Denim, glitzernden Gürteln, Schnallen, Reißverschlüssen, Nieten und silbrigem Metall. Diese Uniform anzuziehen ist wie das Anlegen einer Samurai-Rüstung. Für den heranwachsenden, rebellischen urbanen Helden ist die Welt gefährlich. Er begegnet der Gefahr, indem er selbst bedrohlich wird und seine weichen, verwundbaren Stellen mit hartem Material bedeckt.

Ganz im Sinn von 'dressed to kill' wird er zum wandelnden Fetisch: ein Phallussymbol, das nicht einmal so sehr auf den männlichen Penis bezogen ist wie auf den Phantasiepenis der Mutter, "dessen offensichtliches Nicht-Vorhandensein", so J. C. Flugel in *The Psychology of Clothes*, "viel mit der Entwicklung des Kastrationskomplexes zu tun hat." Denken wir an den traurigen Anblick des armselig in der U-Bahn lungernden Heranwachsenden: eine halbe Portion Mann, hühnerbrüstig, mit kleinem Schmollmund und lauerndem Blick hinter einem Vorhang aus Haar. Er wird in einer grauen oder blauen Jeansjacke stecken, die ihm ein paar Nummern zu groß ist und die auf den schmalen Schultern hängt, als hätte jemand den Kleiderbügel entfernt. Dazu wird er graue oder blaue Jeans tragen, in denen zwei seiner Sorte Platz hätten, und als Aufputz einen Munitionsgürtel um die schmalen Hüften geschlungen haben. Aus einer vorbeistreunenden Katze könnte er mit seinen Turnschuhen die Scheiße heraustreten, aber für viel mehr langt's nicht.

Der Mann, für den Denim und Leder Fetische, der symbolische Penis, geworden sind, zieht seine symbolträchtige Kleidung natürlich nur ungern aus - weil das einer Kastration

Marlon Brando - der böse Motorradbube, wandelnde Fetischist und Einzelkämpfer

gleichkäme - und will auch keine andere Kleidung tragen. Im "Interview mit einem Feti-schisten" von George Stamboulian, das im amerikanischen Schwulen-Magazin *Christo-pher Street* veröffentlicht wurde, wird die Fixierung deutlich erklärt: "Der Fetisch ist nicht der Mann an sich, sondern ein Gegenstand, der so eng zu ihm gehört, daß er eben wegen dieser Verbindung mit einem sexuellen Wert belegt wird. Kleider, Werkzeuge und sogar bestimmte Umgebungen wie Umkleideräume, Ruinen und Baustellen werden erotisiert. Die klassischen Fetische sind Penis-, Gesäß-, Hand- und Fußbekleidung - Jockstraps, Un-terhosen, Handschuhe, Schuhe. Auch Artikel wie Gummistiefel oder die besonders schwe-ren Jocks, die man im Boxring trägt. Es ist eine Verlagerung der Leidenschaft für den ver-wundbaren menschlichen Körper und die Haut auf das Equipment, das vor dieser Ver-wundbarkeit schützt. Es ist wie wenn man eine Rüstung küßt." Stamboulians Frage: "Aber ist es nicht wichtig, daß man sieht, was innen oder unterhalb ist, die Verwundbarkcit, den Körper, den Schweiß?" Antwort: "Unbedingt. Für mich haben Gebrauch und Zustand sehr viel damit zu tun. Ich mag salzige, rauchige Dinge, die schon einiges hinter sich haben. Da gibt's diese schönen Zeilen in James Agees *Let Us Now Praise Famous Men*, in denen von I.evi's die Rede ist und davon, daß sie in neuem Zustand lediglich den Charakter eines Rohentwurfs haben, der erst durch die weitere Ausführung Qualität bekommt - also dann, wenn die Jeans schon abgetragen und ausgebeult sind." Die Versessenheit auf Second-Hand-Denim könnte also durchaus als leichter Anflug von Fetischismus, von zurückge-drängter Sexualität und von sublimierter Homoerotik verstanden werden. Es wäre ebenso plausibel, sie für einen narzißtischen, autoerotischen Impuls zu halten. Stamboulians Feti-schist meint dazu: "Ein anderes Problem besteht darin, daß Schwule an ihren sicheren Treffpunkten - wir nennen sie 'Leather'n'Levi's-Bars' - ihre Ratschäge und Stichwörter nur von ihresgleichen bckommen, ohne sie jemals mit der Realität außerhalb in Beziehung zu setzen. So sind sind die 'Clones' entstanden."

ACT-UP *(Aids Coalition to Unclash Power)*-Demonstration, 1989 in New York City; mit "CHER" bezeichnet sich eine Gruppe von ACT-UP-Sympathisanten. Die Jeans spiegeln uniforme Sexualität wider, die T-Shirts uniforme politische und gesellschaftliche Vorstellungen.

Der Aufmarsch der Clone-Armee begann in den frühen 70erjahren in New York, vier oder fünf Jahre nach dem Krawall in der 'Stonewall Bar' im Juni 1969, als sich beherzte Schwule gegen eine provokante und entwürdigende Razzia durch homophobe Polizisten zur Wehr gesetzt hatten. Um 1973/74 drückte die Schwulenszene ihre Solidarität durch ostentative textile Signale aus, die sich völlig vom gängigen Klischee abhoben, demzufolge man Schwule an ihrer weibischen Erscheinung erkennt. Peter York schrieb in *Harpers & Queens* im Februar 1979: "Es begann damit, daß einige Schwule plötzlich die traditionelle amerikanische Arbeiterkleidung trugen, und zwar mit der ironischen Anmerkung, daß diese Kleidung ihre zwanghafte Bedeutung verloren habe. Genauer gesagt: wenn auch der Durchschnittsmann aus der Vorstadt so durch die Gegend lief, dann hatten die starren 'Blue-Collar'-Versatzstücke ja so etwas wie Stil. Im Prinzip war es nichts Neues, daß Schwule am Chic der Arbeiterklasse Gefallen fanden, das hatten sie schon jahrelang in eklektischen Details getan, gewissermaßen als humorvolle Reverenz für eine Ikone, den Arbeiter. Aber was jetzt anders war, war die Konsequenz, mit der sie die Sache angingen - es war alles so vollkommen uniform, daß man meinen konnte, sie wollten wirklich zu Bauarbeitern, Footballspielern oder Holzfällern werden. Hier entwickelte sich einer der starrsten Bekleidungscodes der Welt, und zugleich mit der Kostümierung wurden auch alte Attitüden wieder neu entdeckt, denn derlei Dinge können sich von außen nach innen arbeiten - die Mythologie des harten Mannes, des 'Macho', wurde wieder ausgegraben, und der dazu passende Look hieß 'Basic Street Gay' oder auch 'Holzfäller': gerade geschnittene Jeans, billiges Karohemd, gelbe Bauarbeiter-Schnürstiefel, kurzgeschnittenes Haar und dazu als absolutes 'Muß' der Oberlippenbart." Die Ästhetik war fetischistisch - die Schwulen identifizierten sich mit offensichtlichen Ausdrucksformen der Super-Männlichkeit. Sie zogen sich nicht nur an wie Machos, sondern hoben wie wild Gewichte, stählten Bizeps und Oberschenkel, die Taille wurde schmal, die Schultern breit und die

Jeans und subtiler S/M-Sex - die Kratzspuren könnten ansteckend sein

Die Ästhetik der Christopher Street: Der schwule Narziß in Jeans und zerrissenem T-Shirt
ist sich sowohl seiner sexuellen Wünsche als auch ihrer Erfüllung sicher

Brust ein Muskelpaket. Sie wurden nach und nach zu dem, was sie selbst begehrenswert fanden: solide Objekte der Begierde. In "Nostalgia For The Mud", in *Christopher Street* veröffentlicht, berichtet Andrew Holleran von folgendem Gespräch: "'Bald wird New York nur noch von Reichen und Perversen bewohnt sein', stellte mein Freund fest, und in diesem Augenblick trafen wir einen Bekannten, der beides verkörperte; er trug eine abgefummelte Lederjacke, gebleichte, zerrissene Blue Jeans und alte Arbeitsschuhe und winkte sich gerade ein Taxi an den Straßenrand. 'Da siehst du ein perfektes Exemplar', sagte ich. 'Wie kommt es nur zu dieser seltsamen Koalition von extrem Ästhetischem' - der Mann, der ins Taxi stieg, war für sein umfassendes Wissen über die europäischen Kulturen und die Geschichte der Bronze-Kunst bekannt - 'und extrem Schäbigem?'"

Diese dem Anschein nach unvereinbaren ästhetischen Neigungen - zur feinsinnigen Hochkultur auf der einen und zur extremen Derbheit auf der anderen Seite - haben wahrscheinlich im Super-Raffinement des homosexuellen Narzißmus ihre gemeinsame Wurzel. Die Vorliebe für Bronze-Kunst und für den 'Christopher Street-Look' schließen einander nicht aus. Die Kleidung 'stützt' - das heißt, die Lust an engem Denim, schweren Stiefeln und Lederjacken rührt von einer Verlagerung des Haut- und Muskelerotismus auf enganliegende und daher stützende Kleidung her; von ihr überträgt sich die Potenz, die ihr vom Kulturcode der Schwulen zugeschrieben wird, auf den Träger, und der strahlt letztendlich jenen muskulösen, phallischen Reiz aus, von dem Schwule animiert werden. Die Kleidung ist stereotypisch, wird aber mit unendlicher Sorgfalt ausgewählt, um dem Körper und seinen sexuellen Bedürfnissen durch ihre Zurschaustellung Bedeutung zu verleihen. Der Träger ist sich seiner sexuellen Identität sicher und verschmilzt Körper und Kleidung absichtlich zu einer Einheit, die sein Selbstbild befriedigt und unterstützt. Durch die Beachtung der speziellen Modekonventionen jener Gruppe, mit der er sich identifiziert, kann er seine sexuellen Neigungen ungehemmt öffentlich sichtbar machen.

Schwule in New Yorks Christopher Street; das Plakat wirbt für mehr öffentliche Mittel für die Aids-Hilfe und für weniger militärische Staatsausgaben

Zweifelsohne wurde der Kleidung größte Beachtung geschenkt, und über sie wurde so präzis und subtil geurteilt, als hätte ein Kenner eine Expertise über die Authentizität einer antiken Bronze-Arbeit zu erstellen. Laut J. C. Flugel werden wir beim Narziß die höchste Fähigkeit zur Befriedigung durch Kleidung finden, "und wo es auch noch ästhetische Kapazität gibt, finden wir bei diesem Typus die vollendete Ausprägung des modischen Geschmacks." Diese Feststellung gibt einen wesentlichen Hinweis darauf, daß die Schwulen oft die Pioniere eines Stils sind, der später von der heterosexuellen Modewelt übernommen wird. Flugel bemerkt weiter, daß der einzige Nachteil darin liege, daß überhöhter Narißmus zu übergroßem Interesse an Kleidung führen kann, was die Zeit und Energie für andere Dinge vielleicht zu sehr einschränkt. Der schwule, romantische Narziß wurde in einer Passage in Andrew Hollerans Roman *Dancer From The Dance* treffend charakterisiert. Holleran beschreibt den Kleiderfundus seines Helden, Malone, so, daß man sich in F. Scott Fitzgeralds *The Great Gatsby* versetzt fühlt, und zwar in jene Szene, in der Daisy gerade von Gatsbys Hemdenkollektion schwärmt: "Die Kleider! Die Ralph Lauren Polohemden, die Halston-Anzüge, die Wildlederjacken, alle Arten von T-Shirts, gebleichte Hosen, Malerhosen, Karohemden, durchsichtige Plastikgürtel, Jeansjacken und Bomber-Jackets, Militärhosen, alte Kordhosen, Sweat-Shirts mit Kapuze, Baseball-Mützen, Schuhe auf dem Boden aufgereiht"..."Er hatte die Army-Navy-Surplus-Stores von Lower Manhattan nach T-Shirts, Unterwäsche, Karohemden und alten, ausbleichten Jeans durchkämmt. Da war ein Schrank mit zweiunddreißig Karohemden und eine Abteilung, die nur Jeans in jedem denkbaren Farbton enthielt."

Hier befinden wir uns in einem Wörterbuch der Schwulensprache, im Kleidercode der urbanen amerikanischen Schwulen der späten 70erjahre. Die Outfits in ihren unendlich vielfältigen Variationen sprachen - mehr oder weniger subtil - von nichts anderem als von Sex. Aber in jeder der Abwandlungen kam in irgendeiner Kombination Denim vor, bis es

Jeans und Armbrust - ein amerikanischer Wilhelm Tell der Gegenwart

einigen - und zwar gerade den Unersättlichsten - zuviel wurde. Wieder war es ein Beitrag von Holleran, "Fast Food Sex", ebenfalls in *Christopher Street* veröffentlicht, doch diesmal ging es um den Widerstand gegen den Denim als ein Symbol der freizügigen Moral der Schwulen. Holleran schildert ein Szene, in der sein Freund bei einem gemeinsamen Spaziergang über den Washington Square folgendes bemerkt: "Früher liebte ich genau das, was ich heute verabscheue - wie diesen Kerl dort drüben (er deutet auf einen jungen Mann in zerrissenen Jeans, schweren Schuhen, Sweat-Shirt mit Kapuze und Lederjacke, der gerade den Platz überquert). Vor fünf Jahren galt noch: je schwuler das Outfit, desto besser. Einen wie diesen hielt ich für einen pflichtbewußten Sex-Soldaten - devot, in Uniform, ganz im Dienste der einzigen Sache, für die ich lebte: Sex mit einem anderen Mann. Heute (der junge Mann verschwindet in die Büsche) schaue ich ihn an und denke: wie schrecklich, wenn man seine Individualität derart auslöscht und wie ein wandelnder Dildo daherkommt."

Der junge Mann drückte als einfacher Gefreiter an der Sexfront nicht nur phallische Fähigkeit, Bereitschaft und Orientierung aus, sondern auch ein kraftvolles Bild von unterschichtspezifischer Sinnlichkeit. Seine Art sich anzuziehen signalisierte kein hochentwikkeltes sexuelles Raffinement, dafür aber die grundsätzliche Bereitschaft, jeden, der ihm näher als drei Meter kam, in Grund und Boden zu ficken. Die Vorliebe für Denim und andere bei Schwulen kodifizierte Kleidungsstücke - nicht ausschließlich bei Homosexuellen, denn der 'Clone-Look' hatte damals auch schon auf Heteros übergegriffen, von denen er freilich ohne Ironie getragen wurde - war ein Anzeichen für eine sich auf sich selbst konzentrierende Haltung zu Sex, hatte aber auch auf einer anderen Ebene Bedeutung: auf jener der Klassenunterschiede und der sexuellen Phantasien, die mit der romantisierenden Verklärung der Arbeiterschaft verbunden waren.

In *The Language of Clothes* weist Alison Lurie darauf hin, daß es "ein verbreiteter Irrtum ist, daß Angehörige anderer Klassen sexuell aktiver sind. Diejenigen, die nicht bei den Reichen und Wohlgeborenen aufgewachsen sind, scheinen oft zu glauben, daß diese immer drauf sind und erotische Erregung verspüren, wenn sie einen schönen Mantel oder das Etikett eines teuren Schneiders sehen. Andere denken, daß die Arbeiterklasse natürlicher, sinnlicher und leidenschaftlicher ist. Letzteres hat sich oft in der Mode niedergeschlagen und ist wahrscheinlich für die Beliebtheit von Tischler-Kluften, Mechaniker-Overalls und Fischer-Jersey verantwortlich"..."Es gibt sogar Leute, die das Gefühl haben, daß Arbeitskleidung attraktiver wird, wenn sie zerknittert und fleckig ist, und so ein Pendant zur saloppen Sprache darstellt."

Im Idealismus, der in der Arbeiterklasse nach unschuldiger, freier, unkomplizierter und naiver Sinnlichkeit suchte und damit einen Gegensatz zu den komplexen sexuellen Ritualen und esoterischen Zeremonien der lüsternen, korrupten, sexuell erfahrenen und blasierten Oberschicht konstruierte, steckte aber auch ein sado-masochistisches Element, das aus der Vorstellung von 'rauhem Umgang in rauhem Denim' sexuellen Reiz bezog. Blue Jeans, vorzugsweise die schlechtsitzenden und an den interessanten Stellen eingerissenen (an den Oberschenkeln, vorne oder hinten, oder die mit den gewissen Fäden an den Knien), versprachen rauhen, schnellen, schrankenlosen Sex. In den U.S.A. waren junge Schwarze, braunhäutige Puertoricaner oder weiße Kerls aus dem Arbeitermilieu angesagt, und die häufigsten sexuellen Phantasien der Pornographie drehten sich um spontane sexuelle Begegnungen mit Fernsehmechanikern, Landarbeitern, Autostoppern, Lastwagenfahrern, Studenten, Soldaten oder Sportlern - allesamt habituelle Denim-Träger. Was Wunder, daß wohlhabende, kultivierte und intellektuelle Schwule diese Bekleidungsnormen der sexuell Begehrenswerten imitierten - einerseits, um sich dadurch selbst mehr eigene Potenz zu suggerieren und andererseits, um auf ihre Bereitschaft zu harten Ficks in düsteren Winkeln hinzuweisen.

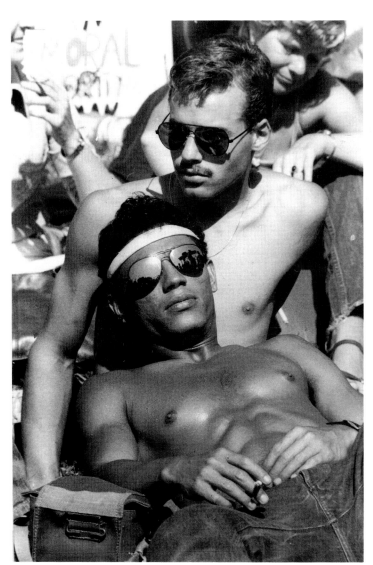 

Amerikanische Schwule - die Infanterie an der Sexfront

Ein Junge, sein Dalmatiner und Denim in einem Moment voller Zärtlichkeit, den Anthony Crickmay eingefangen hat

Die phallische Konnotation von Jeans ist offensichtlich - sie liegt auf der Hand. Die Promiskuität der späten 60er-, 70er- und der frühen 80erjahre - also in jenem Zeitraum, in dem die Jeansverkäufe am spektakulärsten boomten - hat sich in den Subkulturen und Altersgruppen, in denen AIDS am stärksten verbreitet ist, inzwischen deutlich abgeschwächt. Konsequenterweise greift die Männermode (sowohl für Homo- als auch für Heterosexuelle) deshalb wieder auf die Konventionen des erfolgreichen Bürgers zurück, der seine Potenz öffentlich und privat durch seinen sublimen, subtilen, phallischen dunklen Anzug, das weiße Hemd, die Krawatte, glanzpolierte Schuhe und einen teuren, stilvollen Mantel deklariert. Denim wird dennoch nur wenig von der fetischistischen Faszination einbüßen, die er auf Homosexuelle ausübt, solange deren Fixierung auf archetypische Männlichkeit bestehen bleibt; möglicherweise wird die Fähigkeit dieses Materials, sexuelle Phantasien zu evozieren, sogar noch zunehmen, wenn man es seltener antrifft. Statt als Massenphänomen wird man den Designer-Jeans und den Kultmarken (wie der Levi's 501) eher als Identifikationsobjekt exklusiver Gruppen begegnen, und für andere wird Denim ein transitorischer Gegenstand bleiben, der von Geld und Insidertum zeugt.

Sex und Geld haben sich - sei es durch Überfluß oder durch Knappheit - zu einer Allianz verbunden. So ist Denim heute im Nahen und Fernen Osten, in Süd- und Osteuropa und in Afrika - also bei jenen, die sich den 'American Dream' noch herbeiwünschen - womöglich stärker verbreitet als in Amerika, das lange genug in ihm gefangen war. Das Wesentliche an den Designer-Jeans war, daß sie zwar der vermeintlichen neuen Klassenlosigkeit der 60er- und 70erjahre nach dem Munde redeten, realiter aber von den Angehörigen einer auserwählten, internationalen Kaste, die luxuriöser lebten und reisten und selbstsicher auftraten, als Ausdruck ihrer selbst wahrgenommen wurden. Mit jedem Paar Designer-Jeans kaufte man auch Selbstvertrauen und Selbstsicherheit, und diese Eigenschaften wurden mit mehr Geld, mehr Prestige, höherem Status und besserem Sex in Zusammenhang gebracht,

Calvin Klein Sport

Calvin Klein-Folklore

denn all das hatten die Reichen und Berühmten ja angeblich für sich gepachtet. Die Vermarkter von Designer Jeans hatten stets die Vorstellung des ehrgeizigen Konsumenten im Kopf: In *Vanity Fair* vom August 1987, einem Hochglanzmagazin aus Manhattan, das sich der Verbreitung von Insider-Wissen und Jet-Set-Klatsch verschrieben hat, fanden sich seitenweise höchst elegant gestylte Anzeigen von Designer-Jeans-Firmen - von Calvin Klein, Perry Ellis, Ralph Lauren, George Marciano und Esprit. In der gleichzeitig veröffentlichten Ausgabe des Massenblatts *People* war nicht ein einziges Jeans-Inserat zu finden. Das muß etwas bedeuten.

Vermutlich können Jeans, wenn sie mit dem Zauber von Geld und Stil assoziiert werden, bei der Überbrückung des Grabens zwischen Phantasie und Realität helfen. Wenn Filmstars, Musikidole, TV-Prominenz, Künstler, Adabeis und die Gastgeberinnen der Society in exklusiven, teuren Designer-Jeans gesehen werden, dann werden diese Jeans - die für Normalbürger nicht unerschwinglich sind - mit dem teuren, exklusiven Status und dem starken Sex-Appeal assoziiert. Der Trick funktioniert wie einst bei den Pariser Couturiers, die ihre berühmtesten Kunden gratis mit Garderoben für die Rennbahn, für Parties und für Bälle belieferten. Die Kleider wurden bewundert, man sprach davon, daß dieser und jener Designer sie entworfen habe, und in der Folge waren es dann ganz andere Frauen - eben jene, die unbedingt mit den großartigen, glamourösen Damen von Welt gleichziehen wollten - die den Modeschöpfern zu Rang und Vermögen verhalfen.

Heutzutage ist man in diesen Dingen vielleicht nicht mehr ganz so naiv. Die meisten von uns wissen, daß Luxusgegenstände für das Rampenlicht geschaffen werden, daß die Auftritte der Schickeria nur Ersatzhandlungen für wirkliche Macht sind, und daß wahrer Reichtum und Einfluß anderswo zu Hause ist - gut abgeschirmt und fernab von jener gesellschaftlichen Umtriebigkeit, über die in den Klatschspalten so gern berichtet wird. So gesehen sind die bis zu den Zähnen gestylten Partylöwen ja auch nur arme Frontschweine,

Valentino: Manche mögen's feucht

denen die kollektive Erzeugung von Illusionen, Glamour und 'Good Times-Feeling' zugewiesen wird. Durch Denim - üblicherweise Designer-Denim - eignen sich diese medialen Wiedergänger etwas mehr Glaubwürdigkeit an, weil Denim - 'the real thing' - die Brücke von der Prominentenloge in den Orchestergraben schlägt. Durch Denim können - sogar mit einem Schuß Ironie - die Reichen, die Berühmten, die Kultivierten und die Intellektuellen auf die konventionelle Entfaltung von Modepracht und Luxus verzichten und dennoch Stil und Status beweisen, indem sie eben Designer-Jeans oder Kultmarken tragen. Und selbst wenn nur einer von hundert den Unterschied zwischen Gloria Vanderbilt und einem Versandartikel kennt, drückt er dadurch seine Sympathie für die Massen aus, während er gleichzeitig im Kreis der Connaisseure verweilt.

Eines hat sich als überaus schwierig erwiesen: Jeans durch Sex an die Frau zu bringen. Denim wird so sehr mit Männlichkeit identifiziert, daß jeder Versuch, ihn weicher zu machen oder zu adaptieren, nur lächerlich wirkt und einen Mangel an Vertrauen in das eigentliche Wesen und die Bedeutung des Materials offenbart. Die männliche Libido war stets auf den Genitalbereich konzentriert - enge Jeans ermöglichen es dem Mann, die Potenz seines Penis mit Hilfe des knallengen Schnitts oder durch eine andere optische Hervorhebung der Zone aufzumotzen. Die weibliche Libido ist komplexer, Frauen haben es schwerer, Ganzkörperexhibitionismus von der Figur auf die Kleidung zu übertragen. Überdies wechseln von Zeit zu Zeit die gerade als besonders erogen empfundenen Zonen des weiblichen Körpers, dessen Genitalbereich ja nur einer von mehreren ist, die die männliche Libido erregen. Einmal wird der Rücken entblößt, dann betont man die Brüste stärker oder lenkt - durch besonders kurze Röcke - die Aufmerksamkeit auf die Beine. Denim kann in der Damenmode immer nur dann reüssieren, wenn gerade die Beine oder das Gesäß als erregend empfunden und betont werden, und in diesem Fall werden die Frauen enge Jeans bevorzugen.

Damenmode gibt niemals, wie sie es eigentlich sollte, den ganzen weiblichen Körper preis, und ihre Wirkung besteht darin, daß verdrängter Exhibitionismus mit der gleichzeitigen Entblößung von einem oder zwei Körperteilen einhergeht. Wenn man den Frauen Denim nicht als Geschütz für ihr erotisches Arsenal verkaufen kann, dann müssen sie durch den männlichen Appeal von Denim angezogen werden. Der Levi's-Spot mit dem adretten kleinen Knacki, der dem Ruf zu den Waffen folgt und der Freundin zum Abschied seine 501 schenkt, ist ein perfektes Beispiel. Ein neuerer Spot zeigt ein junges Mädchen, das sein teures, feminines Abendkleid gegen Sweater und Jeans eintauscht, um zu einer Party für den Rockstar Eddie Cochrane zu gehen; der wird natürlich gleich zum Geilspecht, als er plötzlich zwischen all den Fummeltussis ein derart rattenscharfes burschikoses Ding daherkommen sieht. Noch direkter funktioniert die Methode, wenn man einen Muskelmann in enge Beziehung zu einer weiblichen erogenen Zone setzt - wie dies besonders vordergründig in einer Anzeige für Taverner Jeans im Magazin *Face* geschah: Ein Jüngling, schön wie ein Märchenprinz, liegt lasziv auf der Hüfte, seine Jeans sind bis auf die Oberschenkel heruntergezogen, und sein Ellbogen ruht auf einem runden weiblichen Knie. Es ist nicht ganz klar, ob das Inserat Frauen ansprechen sollte, die einen Sexsklaven suchen, oder eher Schwule, die auf sein Schamhaar linsen wollen - möglicherweise beides, aber wahrscheinlich wirkte es sich stärker auf die Verkäufe an Männer als an Frauen aus.

An der Assoziation von Denim und Muskeln führt kein Weg vorbei. Gute Zeiten für Fitness-Studios: der zärtliche Harte spricht Frauen an, die auf einen festen Körper stehen, sofern er nicht gewalttätig oder bedrohlich wirkt. Der Prachtbody von Nick Kamen erhöhte den Absatz der Levi's 501s gleich um viele hundert Prozent, und mehr oder weniger nackte Jünglinge trugen durch die metaphorische Ausstellung abstrakter Kraft das ihre dazu bei, um alles mögliche - von Herrenkosmetik bis zu Unterhosen - besser zu verkaufen: Das waren keine Arbeiter, deren Muskeln sich harter manueller Arbeit verdankt hätten, sondern eitle und ehrgeizige Hübschlinge, die brav Gymnastik und Body-Building machten, joggten, Diät hielten, Gewichte stemmten und Bierdosen zerquetschten. Sie repräsentieren eine narzißtische Selbstbezogenheit, die inzwischen von den meisten Männern, ob homo- oder heterosexuell, als erstrebenswert anerkannt wird.

Das ist der neue Supertyp, und seine Zeit als Lustobjekt ist gekommen. Selbstverliebt und in beharrliche Selbstbetrachtung versunken trägt er seine höhensonnengebräunte Haut zu Markte, und wenn er auf ihr den beruhigenden Druck seiner 501, seiner Calvin Klein oder seiner Guess-Jeans spürt, dann hat er sich auch schon die einzige Bestätigung verschafft, an der ihm wirklich gelegen ist.

Bildnachweis (*l*=links, *M*=Mitte, *o*=oben, *r*=rechts, *u*=unten): **6** Western Americana **8** Western Americana *(o u. M)*, Popperfoto *(u)* **10** Library of Congress/Foto: Walker Evans **13** Western Americana *(o)*, Hulton-Deutsch Collection *(u)* **14** Magnum/Foto: Henri Cartier-Bresson *(l u. r o)*, Magnum/Foto: Paul Fusco *(u)* **16** Popperfoto *(l o)*, Bettman Archive *(r o u. u)* **17** Bettman Archive **19** Wrangler **20** Rex Features **23** Magnum/Foto: Henri Cartier-Bresson *(o)*, Magnum/Foto: Chris Steele-Perkins *(u)* **24** Magnum/Foto: Henri Cartier-Bresson **26** Hulton-Deutsch Collection *(o)*, Magnum/Foto: Henri Cartier-Bresson *(u)* **28** Gamma *(l)*, Rex Features *(r)* **31** Andy Warhol, 1971 Rolling Stones album cover **32** McCann Erickson **35** Gamma **36** Rex Features **39** Magnum/Foto: Chris Steele-Perkins **40** Camera Press/Foto: Jan Kopec *(l o)*, Monica Curtin *(r o)*, Camera Press/Foto: Homer Sykes *(u)* **43** Spencer Rowell **44** Anthony Crickmay **47** Wrangler **49** Hulton Deutsch-Collection **50** Magnum/Foto: Sebastiao Salgado **51** Magnum/Foto: Robert Capa *(o)*, Monica Kinley/Foto: Ida Kar *(l u)*, Camera Press/Foto: Richard Open *(r u)* **53** Hulton-Deutsch Collection *(l)*, Camera Press *(r)* **54** Hulton-Deutsch Collection *(l u. r)* **57** Kenneth Griffiths **58** Camera Press *(l o)*, Popperfoto *(r o)*, Magnum/Foto: Eve Arnold *(l u)*, Camera Press/Foto: Tony Drabble *(r u)* **60** Hulton-Deutsch Collection **63** Valentino **64** Perry Ellis, 1987 advertisement **66** Monica Curtin **69 & 70** Bartle, Bogle, Hegarty **72** Monica Curtin **75** Camera Press **77** Calvin Klein/Foto: Richard Avedon **78** Magnum/Foto: Dennis Stock **79** Rex Features *(l o, l u u. r u)*, Astrid Kircherr *(r o)* **80** Guess Inc. **83 & 85** Calvin Klein/Foto: Bruce Weber **86** Monica Curtin **88** Kenneth Griffiths **90** Spencer Rowell **93 & 94** Kenneth Griffiths **96** Magnum/Foto: Henri Cartier-Bresson **99** Premier Photographic/Foto: Marc Liddell **100** Magnum/Foto: Erich Hartmann **101** Bettman Archive **103** Popperfoto **104** Magnum/Foto: Chris Steele-Perkins **107** Flashbacks **109** Magnum/Foto: Eli Reed **111** Spencer Rowell **112** Anthony Crickmay **114** Magnum/Foto: Thoms Hopker **116** Spencer Rowell **119** Rex Features **120** Anthony Crickmay **122** Calvin Klein **124** Valentino **127** Monica Curtin; **Einbandfotos**: Anthony Crickmay *(Vorderseite)*, Magnum/Foto: Robert Capa *(Rückseite)*

English Language Text copyright: Iain Finlayson 1990
Design and Compilation copyright: Parke Sutton Limited 1990

This translation copyright 1991

A Parke Sutton book designed for Deuticke

Über alle Rechte an der deutschsprachigen Ausgabe verfügt die Franz Deuticke Verlagsgesellschaft m.b.H.
A-1010 Wien, Hohenstaufengasse 5
Alle Rechte vorbehalten
Fotomechanische Wiedergabe nur mit Genehmigung des Verlages
Copyright F. Deuticke Wien 1991
Druck: Landesverlag, Linz
Printed in Austria
ISBN 3-216-07831-0